深圳大学传播学院
媒介环境学译丛 | 第一辑

震惊至死

重温尼尔·波斯曼笔下的美丽新世界

[美] 兰斯·斯特拉特 著
何道宽 译

中国大百科全书出版社

图字：01-2019-5476

图书在版编目（CIP）数据

震惊至死：重温尼尔·波斯曼笔下的美丽新世界 /（美）兰斯·斯特拉特著；何道宽译．—北京：中国大百科全书出版社，2020.6

（媒介环境学译丛 / 何道宽主编）

书名原文：Amazing Ourselves to Death: Neil Postman's Brave New World Revisited

ISBN 978−7−5202−0569−6

Ⅰ．①震… Ⅱ．①兰… ②何… Ⅲ．①传播媒介—环境学—研究 Ⅳ．① G206.2

中国版本图书馆 CIP 数据核字（2020）第 098663 号

出版统筹 程广媛
责任编辑 张 岚
封面设计 乔智炜
责任印制 常晓迪
出版发行 中国大百科全书出版社
地　　址 北京市阜成门北大街 17 号　**邮政编码** 100037
电　　话 010—88390636
网　　址 http://www.ecph.com.cn
印　　刷 北京君升印刷有限公司
开　　本 710 毫米 ×1000 毫米 1/16
印　　张 15.75
字　　数 175 千字
印　　次 2020 年 6 月第 1 版 2020 年 6 月第 1 次印刷
书　　号 ISBN 978−7−5202−0569−6
定　　价 55.00 元

谨以此书献给我的母亲贝蒂·斯特拉特，

感谢她此生给我的全力支持

深圳大学传播学院媒介环境学译丛
编委会

总 序

20 世纪 50 年代初，哈罗德·伊尼斯的《帝国与传播》《传播的偏向》和《变化中的时间观念》问世。1951 年，马歇尔·麦克卢汉的《机器新娘》出版。20 世纪 60 年代，麦克卢汉又推出《谷登堡星汉》和《理解媒介》，传播学多伦多学派形戎。

20 世纪 80 至 90 年代，尼尔·波斯曼的传播批判三部曲《童年的消逝》《娱乐至死》《技术垄断》陆续问世，传播学媒介环境学派形成。

1998 年，媒介环境学会成立，以麦克卢汉为代表的传播学第三学派开始问鼎北美传播学的主流圈子。

2007 年，以何道宽和吴予敏为主编、何道宽主译的媒介环境学译丛由北京大学出版社推出，印行四种，为中国的媒介环境学研究奠基。

2011 年，以麦克卢汉百年诞辰为契机，世界范围的麦克卢汉学和媒介环境学进一步发展，进入人文社科的辉煌殿堂。中国学者不遑多让，崭露头角。

2018 年，深圳大学传播学院与中国大百科全书出版社达成战略合作协议，推出媒介环境学译丛，计划在三年内印行十余种传播学经典名著，旨在为传播学修建一座崔巍的大厦。

我们重视并推崇媒介环境学派。它主张泛技术论、泛媒介论、泛环境论、泛文化论。换言之，凡是人类创造的一切、凡是人类加工的一切、凡是经过人为干扰的一切都是技术、环境、媒介和文化。质言之，技术、环境、媒介、文化是近义词，甚至是等值词。这是媒介环境学派有别于其他传播学派的最重要的理念。

它的显著特点是：(1) 深厚的历史视野，关注技术、环境、媒介、知识、传播、文明的演进，跨度大；(2) 主张泛技术论、泛媒介论、泛环境论，关注重点是媒介而不是狭隘的媒体；(3) 重视媒介长效而深层的社会、文化和心理影响；(4) 深切的人文关怀和现实关怀，带有强烈的批判色彩。

从哲学高度俯瞰传播学的三大学派，其基本轮廓是：经验学派埋头实用问题和短期效应，重器而不重道；批判学派固守意识形态批判，重道而不重器；媒介环境学着重媒介的长效影响，偏重宏观的分析、描绘和批评，缺少微观的务实和个案研究。

21 世纪，新媒体浩浩荡荡，人人卷入，世界一体，万物皆媒介。这一切雄辩地证明：媒介环境学的泛媒介论思想是多么超前。媒介环境学和新媒体的研究融为一体了。

在互联网时代和后互联网时代，媒介环境学的预测力和洞察力日益彰显，它自身的研究和学界对它的研究都在加快步伐。吾人当竭尽绵力。

译丛编委会

2019 年 9 月

目 录

作者中文版序

我尽到了孝顺儿子的本分[1]

《震惊至死》被人珍视并译成中文，而译者又是令人尊敬的何道宽教授，令我不胜荣幸。感谢他为译事的操劳，感谢中国大百科全书出版社印行我这本书。我要感谢何教授对这本书的兴趣，并真诚希望，他的兴趣得到回报：这本书值得他花费时间和心血。

我相信，中国人的孝敬观念与这本书的缘起关系密切。我听说，老师地位至尊，形同父母。我认为，因撰写有关尼尔·波斯曼的书，我尽到了孝顺儿子的本分。他是我的恩师和精神导师。

加拿大一家出版社问我，谁最适合写一本书，以延续波斯曼《娱乐至死》的精神时，我当即回答说，最适合写这本书的人大概是非我莫属。这是他们希望得到的回答，不过老实说，这又有不谦卑之嫌。同时我又清楚说明，我要写的书不限于评论和重温他的一本书，我要把他的《娱乐至死》置于他全部著作的框架里，置于媒介环境学的语境中，然后才考虑把他的分析延伸至我们的21世纪。

《震惊至死》不是思想或学术评传，但含有波斯曼的传略。为便

〔1〕 题名取自序文里的一句话：I have been fulfilling the role of a good son。

于中国读者了解他的生平，我想就他的背景作两点补充。

第一，他生于纽约、长于纽约，几乎终生在纽约生活，不想离开纽约，这种欲念在纽约人中相当普遍。我们纽约人栖居在最世界性大都会的环境里，实际上又相当“土”。而且，我经常向海外来客解释，纽约根本就不是典型的美国城市。如果你想真正体验美国，你需要到其他地方去走走看看。一方面，我们在金融、新闻和艺术方面起核心作用；另一方面，在生活方式和世界观方面，我们又处在美国主要潮流之外。

第二，我想澄清，他是犹太人。我的亲身经验是，中国人对犹太教或犹太人不太了解。如果你们乐意，请允许我指出几点相关的细节。首先，和穆斯林或基督徒不一样，信犹太教不仅意味着信奉者是教徒，而且意味着他是一个民族或族群的一员、犹太人民的一员、犹太文化的一员。因此，犹太教是犹太人的宗教，它不像基督教、伊斯兰教和佛教；和基督教和伊斯兰教不同的是，犹太人大体上不传教，它让人改信犹太教，但像佛教不强调劝人信佛一样，犹太教不传教。故此，与基督徒和穆斯林相比，犹太教徒的人数始终不多，目前只占世界人口的 0.2%。从公元一世纪罗马人摧毁耶路撒冷到 1948 年以色列建国，犹太人完全生活在离散状态中，常常是基督教社会和穆斯林社会里的少数族群，受压迫，受迫害。

建立在启蒙运动理想之上的美国，强调自由和平等，其宪法《第一修正案》保证宗教自由，证明其是长期离散犹太人最有利的环境。但美国基督徒人多势众，对犹太人的偏见和歧视又始终存在。所以，美国犹太人还是觉得身处美国主流文化之外。也许你还有兴趣知道，犹太裔美国人和华裔美国人很亲近，这两个族群都尊崇教育。在犹太传统中，精神领袖或教士名为“拉比”，其意思是“老师”，犹太教拉比与天主教神父、新教牧师完全不同。犹太教的成年礼上要朗诵古卷轴形式的希伯来语《圣经》，这是犹太教的核心仪式。

波斯曼不是很虔诚的教徒，实际上他或多或少是无神论者。他是文化意义上的犹太教徒，欣赏犹太传统，欣赏它对文化素养和学习的强调。身为犹太裔美国人、纽约客、知识分子和学者，他能步出美国文化主流，这一立场使他能犀利地分析、评价和批评美国文化，同时他又濡染其中，因而熟悉美国文化。这暗指我们必须渴求的目标。我们必须首先研究自己的文化，然后才能理解其他文化。这是苏格兰伟大学者帕特里克·格迪斯给另一位伟大的纽约学者刘易斯·芒福德[1]留下的印象。但研究自己的文化时，我们要找到与之保持距离的办法，要与之分离以求得一定程度的客观性；客观性不是一个绝对值，而是一个追求的理想。为此目的，置身主流文化之外倒是一个有利条件。以波斯曼为例，他是纽约客、犹太裔美国人，就像麦克卢汉这个加拿大人观察美国文化一样。然而，有利条件不是保证，归根结底，距离和客观性要求你下苦功，进行大量艰苦的研究和实践。麦克卢汉也强调他所谓的反环境的重要性，这里所谓反环境就是大范围主流文化里存在反文化的情景。从潜在的可能性看，学校就是这样的反环境，至少应该是这样的反环境。

波斯曼以媒介和文化批评著称，但他起初和首要的领域是教

---

〔1〕 刘易斯·芒福德（Lewis Mumford，1895—1990），美国社会哲学家、大学教授、建筑师、城市规划师、评论家，主要靠自学成为百科全书式的奇才，著作数十部，代表作有《技艺与文明》《城市文化》《历史名城》《乌托邦的故事》《黄金时刻》《褐色的几十年：美国艺术研究》，获美国自由勋章、美国文学奖章、美国艺术奖章、英国帝国勋章。

育，他留下大量有关教学和教育制度的论著。他认为，教育是任何社会续存和成功的关键。学习是我们与一切生物共有的活动，教育是一切社会行使的职能；办学授课是文字发明后才兴起的，其主要任务是教人读书写字，而且是以越来越高深的方式从事教育，从小学、中学直到大学。波斯曼首要的研究重点是语言，是理解语用法、语言的使用和误用，这个研究重点反映在《娱乐至死》的副标题里"娱乐时代的公共话语"。他提倡口语和写作、印刷媒介、书籍和说明文，也提倡会话、讨论、辩论和公共讲演。他对电视负面效应的关切和他对语词的重视密不可分，他重视语词的价值，包括口语词和书面词的价值。他是教育家，关注的焦点是语言。如果不了解这一背景，你就不能完全理解他在《娱乐至死》里的论述，如果不考虑他后期著作里对信息和技术的论述，你也不能充分理解他这些论述。

然而，我们所需的语境化远不止于此，而是要通达他所命名的媒介环境学。人们对媒介环境学思想传统的兴趣与日俱增，在中国思想界意蕴深厚，我为此而深受鼓舞。我深信，媒介环境学的研究路径不仅是我们时代最重要的思想发展，而且是人类生存的关键所在。因此，《震惊至死》为媒介环境学提供相当简明的入门向导，希望你觉得这本书有价值，且信息丰富。无疑，尼尔·波斯曼是最著名的媒介环境学家，仅次于马歇尔·麦克卢汉。我的文集《麦克卢汉与媒介环境学》（*McLuhan and Media Ecology*）强调麦克卢汉的地位，已出中译本[1]。波斯曼和麦克卢汉在许多方面迥然不同，但他们两人和诸多政治文化背景不同的许多人构成媒介环境学传统

---

〔1〕 见兰斯·斯特拉特著：《麦克卢汉与媒介生态学》，胡菊兰译，河南大学出版社，2016。Media Ecology 在国内有两种译文，分别为媒介环境学和媒介生态学，请读者注意。

不可分割的一部分，这一事实正是媒介环境学普世价值的证明，正是其基要真理的证明。因此，显而易见，中国学者在应用媒介环境学路径去理解中国文化与历史，这个大门是敞开的。他们的努力已经上路。我还要说，这样的努力绝对是必需的；如此，我们终能整合这方面的一切研究，以进一步提高我们对全人类共同文化的理解。

作为这种共同的努力，我将《震惊至死》献给读者。这是一篇案例研究，旨在延伸波斯曼的分析：美国文化如何从印刷文化中产生，如何在电子媒介的影响下裂变。既然是案例研究，我绝不号称有普遍性，因为我探讨的有些情况是美国社会特有的现象，有些是西半球所独有，有些是盎格鲁—美利坚文化所独有。然而，有一些具体情况广泛适用于西方文化，还有一些分析可以推广到电子媒介占主导地位的一切文化；有一些变革是电子媒介环境里生活的人共同的，电视和视频、互联网和万维网、社交媒介和移动通信设备，继续不断的信息技术革命、数字媒介、计算机及其软件，人工智能以及虚拟、增强和混合现实都使人们深受影响。和物质世界相对，在电气和能源的环境里，没有东西，没有南北，没有上下，只有混沌与秩序，以及可望介乎两者之间的一定程度的平衡。

《震惊至死》是一个美国人写的书，说的是美国文化，其对象是美国读者，可能对今天的读者了解美国正在发生的事情提供一些洞见。该书出版于 2014 年，彼时，唐纳德 · 特朗普已步入政界，但离他被视为总统宝座的认真竞争者还有很大一段距离。因此，请容我讲述我个人如何兴趣盎然地观察他 2015 年是如何参与初选的。我注意到，由于他习惯上电视，所以他的外貌和人格在电视媒介上的效果好。2015年年底前我就预测，他将赢得共和党提名，如果他与希拉里·克林顿对阵，他可能是我们的下一任总统。实际上，2016年初，特朗普的支持率下降时，我和同事保罗·莱文森（Paul Levinson）打赌，特朗普会赢得共和党提名，并赢得大选，除非伯尼·桑德斯（Bernie Sanders）成为民主党候选人。以我的分析，根据上电视的外貌和人格，桑德斯有潜力击败特朗普。相反，希拉里·克林顿在电视上表现的效果不佳，加上她早前就有的形象问题，以及她几十年来的定型，这就意味着，和使用电子媒介效果好的竞选者对阵时，她不能胜出。

我打赌胜出，赢了一百美元。以管窥豹，这次打赌进一步证明媒介环境学路径的威力（莱文森虽然对媒介环境学驾轻就熟，但由于他对候选人的感情比较强烈，不能客观；我分享他的感情，但能拉开距离进行分析；我赢了他，抱歉）。这不是要给美国政治的许多因素打折扣，只是要说，如果没有电视和社交媒介，特朗普政治上的成功是不可能的。他是地产开发商和企业家，并无特殊才能可言。但早在他把目光投向白宫前，他就下了功夫。他担任自己的新闻官，擅长公共关系，追求宣传效应和高能见度，最后打出了自己名字和面孔的品牌。他是名流，是新闻故事和八卦专栏的话题人物，他还参加过十三部电影、一些商业广告和音乐视频以及二十种电视节目的拍摄，包括主持喜剧节目《周六夜现场》（*Saturday Night Live*），多次在《世界摔跤娱乐》（*World Wrestling Entertainment*）节目里露面。他还是电视真人秀的明星，长达十四年。他谙熟电视人格，深知它给选民提供的虚假亲切感，而虚假亲切感引向研究者所谓的准社会关系。作为媒体专业人士，他的经验使他在直播的访谈和辩论中优势明显。除此之外还要加上他对社交媒介的使用，推特是十年前使公共关系革命化的社交媒介，推特使他直接与选民交流，使他以前所未有的方式每天主导新闻。这不是说，特朗普代表着美国政治的未来，但他显示，变化中的媒介环境如何影响栖居其中的文化，说明我们需要注意这些变化。当我们考虑狂轰滥炸的发明和创新扩散时，我们就可以看到，这样的效应咄咄逼人、无穷无尽，其冲击一波接一波，它们的确是我们对人类终极幸存感到担心的根源。如果我们不能对自己的活动持批判态度并作出评估，我们个人、社会和人类就会继续把命运的控制权让渡给媒介和技术的要求。面对如此固执的无知，我们不妨接受波斯曼的忠告：成为爱心斗士。

波斯曼从不要求学生根据他的著作做自己的功课，绝不要求我们追随他的思路，或采纳他的观点。相反，他鼓励我们独立思考，寻找并遵循自己的路子。他的教学计划包含阅读并讨论伟大的著作，他忠告我们面向任何领域最了不起的图书，而不是集中在某一狭隘专业领域里的最优秀著作。他强烈建议，我们的交流要明晰而准确，尽可能要有口才和文采。他认为，研究媒介环境学者的著作尤其会增长我们的才智，会产生新的洞见，能帮助我们寻找当代紧迫问题的解决办法。因此，即使不说其他原因，我也希望，如果你还没有读过他的书，我这本书会引导你去阅读他的著作，如果曾有过涉猎，这本书将引导你去读他更多的书。此外我希望，《震惊至死》加深我们对他著作的理解，使他的著作更明晰，能为他的书提供语境，能阐明他对媒介环境学领域和思想史的贡献，并阐明其意义。当然我还希望，你发现我的贡献和分析有助于你形成自己的思想，有助于你理解当代的媒介环境。最后且最重要的是，我希望我们携手创造人类可持续的未来，建设我们大家想要栖居其中的那种环境。

兰斯·斯特拉特

2019 年 1 月 1 日

作者英文版序

我想象本书有两种读者：一是读过尼尔·波斯曼《娱乐至死：娱乐时代的公共话语》（*Amusing Ourselves to Death: Public Discourse in the Age of Show Business*，1985）的人，一是没有读过这本书的人。针对没有读过这本书的人，我提供一个概要，介绍波斯曼有关电视媒介消极效应的论点，以及一般意义上技术对公共话语和社会制度的负面影响，同时显示它们对我们当代文化和媒介环境的相关意义。我知道，有人难免怀疑一本旧书的价值和效用。它年近而立，青春不再，但即使有人提醒，我们仍然在研读公元前4世纪的柏拉图著作，他这本书的地位也不会被撼动。无可否认，《娱乐至死》没有考虑互联网、万维网、社交媒介和移动技术，遑论有线电视和卫星电视节目选择的爆炸性增长，而波斯曼批判的里根时代文化还继续退隐在历史深处。提出与时俱进的分析时，我意识到，时间的流逝同样会使我的讨论减低效用。因此，我有意展现波斯曼的总体路径，它植根于媒介环境领域，我将证明，这条路径仍然适用于未来。当然，如果你尚未读过《娱乐至死》，我希望拙著会说服你去读，并在阅读的过程中提高你的品味。

熟悉波斯曼的读者知道他过人的雄辩文采，我不敢奢望达到这个标准。他针对一般的读者，论述时代的重大问题和关切。像他的其他著作一样，《娱乐至死》最好是当作增值版的论文，旨在牢牢站稳脚跟。我尝试用学问的路径走进他的作品，把我这本书和他的其他著作联系起来看，尤其和他的《技术垄断》(1992) 联系起来考察。就考虑计算机、信息技术和新媒介以及技术的繁盛，以完成更新波斯曼的论述而言，这样的路径是必不可少的。我用"震惊至死"(*Amazing Ourselves to Death*) 作为主书名，以反映更广阔的视域，并反映这样一个事实：归根结蒂，我们在媒介和技术领域的革新是我们关切的根源。副书名"重温尼尔·波斯曼笔下的美丽新世界"(*Neil Postman's Brave New World Revisited*) 暗指奥尔都斯·赫胥黎[1]的著作，反思其小说《美丽新世界》(*Brave New World*,1932)。波斯曼突显这本书先见之明的警告：自由可能沦为娱乐的牺牲品。我将《震惊至死》植入波斯曼著作的整体框架中，竭力用纪传体的方式建构他论述的语境，总体上讨论他投身的媒介环境学领域。这些课题需要更充分的研究，非此小书能及。但我希望，我提供的意见能成为进一步研究的起点。

在此，我大概应该说明，尼尔·波斯曼是我的恩师和精神导师，也是我的同事和朋友，对我的思想成长和学术追求产生了深刻的影响。读博期间，我上他的讨论班，亲历他思想发展的过程，这些思想写进了他的《娱乐至死》。我目睹他撰写这本书的情境，他坐在办公室旁边的小会议室里写作（部分章节是在纽约市法拉盛区的一家百吉饼店里草就的）。他用签字笔写稿，在黄色便笺纸上书

---

〔1〕 奥尔都斯·赫胥黎(Aldous Huxley，1894—1963)，英国小说家，诗人，托马斯·亨利·赫胥黎的孙子，《旋律的配合》《美丽新世界》和《加沙的盲人》是赫胥黎最杰出的三部小说，《美丽新世界》和乔治·奥威尔的《一九八四》齐名，同为反乌托邦小说。

写，常常边写边念念有词。我问他为什么要说出声，他强调要为耳朵书写，而不是为眼睛书写，这很重要，乃妙文创作之关键所在。在二十三年的时间里，我有幸熟知他，有时还与他一道工作（如 Postman，Nystrom，Strate 和 Weingartner，1987）。我发表了几篇文章，介绍他的思想（Strate，1994，2003，2006b，2006c），写了探讨他遗产的两部书《回声与反思：论媒介环境学研究领域》（*Echoes and Reflections:On Media Ecology as a Field of Study*，2006a）和《论时间偏向对普通语义学和媒介环境学的影响》（*On the Binding Biases of Time and Other Essays on General Semantics and Media Ecology*，2011）。我还在纽约大学组织了论波斯曼的研讨会（2006 年 4 月 6 日），题为“多维视野下的波斯曼”（*Perspectives on Postman*），又编辑了《媒介环境学探索》（*Explorations in Media Ecology*）特刊（Vol. 5，No. 1），研究他的生活与工作。

因此，大卫·帕克（David Park）询问我是否可以为 Peter Lang 出版社的“媒介与传播理论丛书”（Media and Communication Theory Series）写一本小书，介绍波斯曼的《娱乐至死》时，我的直觉就是，这样的邀约难以辞谢。但我急忙补充说，胜任这一工作者不乏其人，波斯曼的学生和同事中合乎逻辑的人选不在少数，他们写得好，不会比我差，很可能会取不同的路径。毫无疑问，倘若波斯曼还在世，能重温他三十年前的论述，他本人就是最佳人选，我会欣然交过笔，让他用那典型的迷人、明晰、睿智的笔调再续新篇。

波斯曼一生写了二十五部书，《娱乐至死》是他最广为人知、影响最大的书。虽然它很快成为人文社科师生的必读书，但它不是学术书。同时，它对美国和全球媒体业界人士、艺术家和思想界人士产生了很大的冲击。1992 年，平克·弗洛伊德（Pink Floyd）乐队的罗杰·沃特斯（Roger Waters）发布专辑《乐极至死》（*Amused to Death*），其灵感就来自于波斯曼的《娱乐至死》。《娱乐至死》的二十周年纪念版封底文字含有《国家》（*The Nation*）周刊的出版商维克多·纳瓦斯基（Victor Navasky）和《辛普森一家》（*The Simpsons*）的主创马特·格勒宁（Matt Groening）这两个人的赞词。2007 年，在《华尔街日报》的一篇文章里，美国全国广播公司《晚间新闻》主持人汤姆·布罗考（Tom Brokaw）将《娱乐至死》列入新闻业最佳图书前五种榜单。在 2012 年的一篇博客里，列侬的遗孀小野洋子（Yoko Ono）将其列入推荐书榜单。麦金托什和视窗操作系统图形用户界面的发明人艾伦·凯（Alan Kay）将《娱乐至死》和波斯曼的其他两本书《童年的消逝》（*The Disappearance of Childhood*，1982）和《认真的反对》（*Conscientious Objections*，1988）列入他推荐的阅读榜单。

2003 年，波斯曼去世不久，他的儿子安德鲁对我和波斯曼的其他学生建议，把《娱乐至死》纳入教材，尤其作为本科生的教材。安德鲁主持该书的二十周年纪念版，在新版前言里，他写下了我们这些学生的反响时，用了我的话，只是未点出我的名字：

> 父亲的一位学生也是教师，他说，他的学生的反响热烈，不亚于五年前十年前。他又说："刚问世时，它太超前，有人不懂其深度和广度。这是一部 21 世纪的书，提前在 20 世纪问世。"（Postman，2005，p. xv）

从我的这段话，你可以设想，我的路径与波斯曼相近。实际上，思考当前的任何进展时，随时问“尼尔·波斯曼会说什么呢”总是有用的。在本书写作过程中，这个问题总是在我的脑际萦绕，不过我要指出，我的立场并非总是和他吻合。我在这里写下的文字反映我此刻的思考，任何错漏都是我的责任，与他无关。甫一开篇我就说，当代媒介环境有许多正面效应，信息获取的增加产生了民主化效应。层级结构的瓦解、不平等的消除使人多有收获，我们获取的知识空前地多，获取新闻的源头范围更大，电视节目的编排质量前所未有，我们拥有许多创意表达的新形式，新媒介赋予我们连接与合作组织的能力，使我们获益良多，新媒介增加公开性和透明度的偏向有许多值得肯定的地方。在过去的几十年里，我们在社会公义上进展很大，我们远离了核毁灭的威胁。我们应该为我们的成就而自豪，但这不应该免除我们继续争取更美好生活的努力。我们也不能忽视这样一个事实：我们仍然面对严峻的政治、社会、环境挑战。在前进的过程中，我们需要进行批判性评估，因为我们无法逃避的事实是，我们对世界的了解受符号和技术中介的影响，我们要借助它们采取行动，并改变这个世界。我们采用的发明未必全都是有益无害的，利弊相依，且失可能多于得。波斯曼要我们三思我们为媒介和技术付出的代价，并不是因为他喜欢悲观主义观点，而是因为我们太注意媒介和技术给予我们的利益了。

我们生活在狂热推销的文化里，习惯于接受向我们推销的产品，满心欢喜，忽略累积的费用，不注意终究要付款的结局。但欠账总是要到期的。这不仅是我们消费者的真实处境，我们受广告和市场的影响；也是我们公民的真实写照，媒介和技术形塑我们的身份。

我们为革新付出的代价不限于金钱，还包括各种各样的负面效应：对文化和社会制度的负面效应，对政府、宗教和教育的负面效应；对我们看待世界的方式、与他人和自己的关系，这些革新都可能产生负面的影响。

我们的责任始于一系列考问：我们要付出什么样的代价？我们会遭遇什么风险？我们需要放弃什么？我们不得不做出什么牺牲？我们要考虑自己的行为对自然环境的冲击，还要思考对社会文化环境的冲击。对创造和维持平衡而健康的社会，我们要进行理性的评估。治愈和修复我们的世界，任重而道远，我们的责任是竭尽所能。我希望，这本小书能为达此目标而略尽绵力。

兰斯·斯特拉特

作者谢辞

甫一落笔，我就必须感谢尼尔·波斯曼，我的老师、精神导师、同事和朋友。他至今仍然是我的灵感源泉。我要感谢尼尔的亲人，尤其他的妻子谢莉和儿子安德鲁，多谢他们在本书写作过程中给予友谊、帮助和支持。

我要感谢尼尔的同事特伦斯·P. 莫兰（Terence P. Moran），还要感谢已故的克里斯琴·尼斯特洛姆（Christine Nystrom），在本书写作过程中，她与我精神同在。感谢埃德·瓦克特尔（Ed Wachtel）。感谢约书亚·梅罗维茨（Joshua Meyrowitz），我读硕时，他就鼓励我报考波斯曼的媒介环境学博士生。感谢加里·冈珀特（Gary Gumpert）和已故的杰克·巴温德（Jack Barwind）引荐我认识媒介环境学的学者，阅读他们的书籍。特别要提及我读博时的两位同窗罗伯特·阿尔布雷克特（Robert Albrecht）和保罗·利珀特（Paul Lippert）。

我本想逐一提及尼尔所有的媒介环境学学生，但我特别要列举玛丽·亚历山大（Mary Alexander）、玛丽·安·阿利森（Mary Ann Allison）、苏珊·B. 巴尼斯（Susan B. Barnes）、亚里夫·本-埃利泽（Yariv Ben-Eliezer）、伊娃·伯格（Eva Berger）、罗伯特·K. 布莱克曼（Robert K. Blechman）、谢丽尔·安妮·凯西（Chery Anne Casey）、玛格丽特·卡西迪（Margaret Cassidy）、布莱恩·科根（Brian

Cogan）、彼得·柯斯特洛（Peter Costello）、彼得·法伦（Peter Fallon）、罗伯特·弗朗索斯（Robert Francos）、托马斯·金卡雷利（Thomas Gencarelli）、斯蒂芬妮·吉布森（Stephanie Gibson）、林文刚（Casey Man Kong Lum）、苏珊·莫沙特Susan Maushart）、约翰·麦克达德（John McDaid）、比尔·佩卡纳斯（Bill Petkanas）、洛莉·拉莫斯（Lori Ramos）和珍妮特·斯滕伯格（Janet Sternberg）。

保罗·莱文森（Paul Levinson）特别值得一提，他总是给我忠告、鼓劲。他总是向自己提出挑战，持有与他的精神导师波斯曼相左的立场。通过媒介环境学会，我们继续波斯曼及其同事从事的工作。在此，我再次想要提及我在学会里认识的所有人的名字，不过我特别提出科里·安东（Corey Anton）、斯蒂芬妮·本尼特（Stephanie Bennett）、苏珊·J.德鲁克（Susan J. Drucker）、小雷蒙德·戈兹（Raymond Gozzi, Jr.）、费尔南多·古铁雷斯（Fernando Gutiérrez）、唐纳·哈尔珀（Donna Halper）、奥克塔维奥·伊斯拉斯（Octavio Islas）、詹姆斯·C.莫里森（James C. Morrison）、瓦雷里·彼得森（Valerie Peterson）、菲尔·罗斯（Phil Rose）、道格拉斯·拉什科夫（Douglas Rushkoff）、保罗·A.苏库普（Paul A. Soukup）和爱德华·泰沃尼亚克（Edward Tywoniak）。还要特别感谢戴尔·温斯洛（Dale Winslow）和我的“新诗学”（NeoPoiesis）同仁。

除了埃德·瓦克特尔和保罗·莱文森，我还得感谢福德姆大学的其他同事，包括巴贝特·巴比奇（Babette Babich）、多米尼克·巴雷斯特拉（Dominic Balestra）、金伯利·卡斯特林（Kimberly Casteline）、刘易斯·弗里曼（Lewis Freeman）、玛戈·哈登堡（Margot Hardenbergh）、阿迪娜·卡拉西克（Adeena Karasick）、罗恩·L.雅各布森（Ron L. Jacobson）、贝丝·诺伯尔（Beth Knobel）、汤姆·麦科特（Tom McCourt）和罗伯塔·帕米埃洛（Roberta Palmiero），我们的校长约瑟夫·M. 麦克谢恩（Joseph M. McShane, SJ.）和副校长史蒂芬·弗里德曼（Stephen Freedman）。

也许，最应该感谢的是我的学生。在此，我同样希望一个不漏地列出他们的名字。不过，我尤其想要提出迈克尔·普拉夫（Michael Plugh）和马特·奎尔（Matt Quayle），他们给我灵感。

Peter Lang 出版公司的 David Park（大卫·帕克）和 Mary Savigar 建议我写这本书，若不感谢，岂不是疏忽。感谢他们等待我完稿时的耐心和宽容。

最后要感谢家人的耐心和理解，感谢我的孩子本杰明（Benjamin）和萨拉（Sarah），感谢我的妻子芭芭拉（Barbara），感谢我的母亲贝蒂·斯特拉特（Betty Strate）。匆忙中被漏掉的朋友，尚请海涵。你们知道，我是感谢你们的。

兰斯·斯特拉特

译 者 前 言

媒介环境学第二代精神领袖波斯曼的衣钵传承

一、元旦大礼

2019 年元旦，斯特拉特教授特意为本书所作的中文版序到来，殊为大礼。四千余字，超长。至真深情，溢于纸面。他写道："我相信，中国人的孝敬观念与这本书的缘起关系密切。我听说，老师地位至尊，形同父母。我认为，因撰写有关尼尔·波斯曼的书，我尽到了孝顺儿子的本分。他是我的恩师和精神导师。"

他又写道："犹太裔美国人和华裔美国人很亲近，这两个族群都尊崇教育。"

由此可见，斯特拉特教授重感情，敬父母，尊师长，亲中国文化。他借用"孝敬"观念，自称恩师儿子，宣示亲近华人。

2016 年，斯特拉特教授荣膺中国"高端外国专家"称号，应聘到河南大学执教。

2017 年 5 月，我和他在河南大学同台讲学，接受李勇教授访谈。几次交谈，时间不长，却相知不浅。

2018 年 5 月，承蒙他慨然应允，容我译介他的著作，并大力协助洽购版权。他的长序情真意切，令人感佩。

所以，我满怀深情在此呼应，留下一些文字，补充本已完毕的译者序。

我还要提请读者注意，斯特拉特的中文版序满纸“牛肉”，不妨细读慢嚼。

二、波斯曼的衣钵传承

我的译者序写好后，收到斯特拉特满怀深情特意为中国读者撰写的中文版序。其中一句话勾勒他对波斯曼思想的继承和发展：“加拿大一家出版社问我，谁最适合写一本书，以延续波斯曼《娱乐至死》的精神时，我当即回答说，最适合写这本书的人大概是非我莫属……同时我又清楚说明，我要写的书不限于评论和重温他的一本书，我要把他的《娱乐至死》置于他全部著作的框架里，置于媒介环境学的语境中，然后才考虑把他的分析延伸至我们的 21 世纪。”

尼尔·波斯曼（Neil Postman，1931—2003）的媒介批评三部曲《童年的消逝》（*The Disappearance of Childhood*）、《娱乐至死：娱乐时代的公共话语》（*Amusing Ourselves to Death: Public Discourse in the Age of Show Business*）和《技术垄断：文化向技术投降》（*Technopoly: The Surrender of Culture to Technology*）不止有一个中译本问世，已经并将继续在中国各界产生持久的影响。他“娱乐至死”的隽语已然渗透中国社会的三教九流，成为男女老少的口头禅。

兰斯·斯特拉特（Lance Strate）继承并弘扬恩师尼尔·波斯曼的学术思想，迭有创新。《震惊至死：重温尼尔·波斯曼笔下的美丽新世界》（*Amazing Ourselves to Death: Neil Postman's Brave New World Revisited*）既是献给恩师的厚礼、波斯曼传略，又是《娱乐至死》的指南，还是跨时代的精神扫描。

波斯曼是美国教育家、媒介理论家、语义学家，他弘扬麦克卢汉、伊尼斯开创的媒介环境学，是媒介环境学派第二代精神领袖，推动媒介环境学进入北美传播学主流圈子，担任国际普通语义学杂志《如此等等》主编凡十年。1986年获美国英语教师学会授予的“乔治·奥威尔奖”，1988年获纽约大学杰出教授奖。曾在世界各地讲学，被众多世界著名大学授予荣誉博士学位。

波斯曼传世的论文有200余篇，存世的著作共25种（独著13种，合著10种，合编2种），除上述《童年的消逝》等3种外，其余有《美国的语言》《发现你的语言》《探索你的语言》《语言与现实》《疯话，蠢话》《作为保存活动的教学》《作为颠覆活动的教学》《教育的终结》《构建通向18世纪的桥梁》《认真的反对》等。他的贡献丰富了许多研究领域，包括语义学、语言学、传播学、媒介研究、新闻学、教育学、心理学、英语研究、文化研究、哲学、历史、社会学、政治学、宗教研究和技术研究等。

三、斯特拉特的学术成就

斯特拉特师从波斯曼，专攻媒介环境学，成为该学派第三代的核心人物。像麦克卢汉、伊尼斯、洛根、莱文森一样，他的学问横跨人文社科。1998 年，他参与组建媒介环境学会，任创会会长，是美国著名传播学家和语义学家，2016 年起任中国河南大学的外国高端专家。著有《论媒介环境学》《语义学和媒介环境学论集》《震惊至死：重温尼尔·波斯曼笔下的美丽新世界》《麦克卢汉与媒介生态学》《媒介环境学：理解人类境遇》《回声与反思：论媒介环境学研究领域》《论时间偏向对普通语义学和媒介环境学的影响》以及诗集《达尔文站的惊雷》等；编辑的文集有《传播与赛博空间：电子环境里的社会互动》《媒介环境学批判论集》《麦克卢汉的遗产》《媒介是缪斯：梳理麦克卢汉》《肩负麦克卢汉的事业：媒介与形式因论集》；编辑的丛刊有《媒介环境学探索》。他多次荣膺媒介环境学会学术奖、纽约州传播学会学术奖，其著作已译成汉语、法语、意大利语、葡萄牙语和希伯来语。

四、波斯曼媒介批评三部曲扫描

波斯曼则痛批“娱乐至死”的电视文化和大众文化以及“技术垄断”文化，是 21 世纪的诤友。

他的媒介批评三部曲层层递进，其锋芒所向披靡，其文字痛快淋漓。他用《童年的消逝》（1982）、《娱乐至死》（1985）和《技术垄断》（1992）证明，电视文化、大众娱乐、唯技术崇拜、唯科学主义危害人类。他的批判胜过一般的社会批评家和未来学家。

《童年的消逝》叹息电视危害儿童，抹煞成人和儿童的界限。波斯曼指出，电视揭开以前对儿童保密的东西，模糊了印刷文化典型的童年概念和成年概念，由此产生的倾向不仅把儿童视为小大人，而且使成年人的行为带上幼稚的色彩。这本书是波斯曼对印刷时代和电视时代最全面的对比。

《娱乐至死》追溯技术对政治、智能、宗教和历史的影响，控诉电视对读写能力的戕害，控诉大众娱乐把一切文化委琐化，甚至把政治变成娱乐，有该书一大段文字为证："政界人士现身娱乐节目成为娱乐资源，准确判定这一现象始于何时有一点困难。20 世纪 50 年代，参议员埃弗里特·德克森竞选时，客串电视剧'我的台词是什么？'；约翰·肯尼迪允许哥伦比亚广播公司主播埃德·默罗带摄像机闯进家门拍摄。理查德·尼克松竞选时，在《与我笑》的一小时喜剧里露面几秒钟，这是仿电视广告形式的喜剧。在 20 世纪 70 年代，公众开始习惯这样的观念：政界人士被视为娱乐世界的一部分。到 20 世纪 80 年代，政界人士上娱乐节目如洪水泛滥。副总统候选人威廉·米勒为美国运通公司打广告。'水门事件'明星、参议员萨姆·欧文也为运通打广告。前总统杰拉德·福特携手前国务卿亨利·基辛格客串肥皂剧《王朝》。马萨诸塞州州长杜卡基斯在连续剧《波城杏话》里露面。众议院议议长蒂普·奥尼尔亦在情景喜剧《酒吧》里露面。消费者权益保护人拉尔夫·内达、众议员乔治·麦戈文和市长爱德华·科赫主持《周六夜现场》。科赫还在詹姆斯·卡格尼主演的电视剧里出演拳击经理。里根夫人南希在情景剧《各有其人》里露面。"（《娱乐至死》英文版，p. 132）

《技术垄断》断言，"技术垄断就是极权主义的技术统治"，"技术垄断是文化的'艾滋病'"。他死死盯着技术加害于人的可能性，仿佛在说：人们，你们要警惕啊！他的警世危言锋芒毕露，直达我们心灵的隐痛。

波斯曼猛攻“电视文化”“娱乐至死”和“技术垄断”的危害，高扬人文精神、人文关怀和社会批判。他的媒介批评三部曲在中国产生了持久的震撼效应，其冲击穿透中国社会各个阶层。

《技术垄断》在中国知识界引起的震撼尤其强烈。国内一些顶尖的学者特别欣赏波斯曼的科学哲学和社会批评的犀利锋芒，北京大学哲学教授刘华杰、清华大学科技史教授刘兵、上海交通大学科学史教授江晓原密集撰文评论，其基调近乎颂扬，其肯定近乎超常。因网上容易检索，兹不赘引。

五、《震惊至死：重温尼尔·波斯曼笔下的美丽新世界》题解

书名中的“震惊至死”凸显新媒介的震撼效应，不言自明。副标题“重温尼尔·波斯曼笔下的美丽新世界”解读波斯曼的《娱乐至死》和媒介思想，一目了然。作者在前言里称，“我将《震惊至死》植入波斯曼著作的整体框架中，竭力用纪传体的方式建构他论述的语境，总体上讨论他投身的媒介环境学领域”（p. xii）。以此明志，《震惊至死》不仅是对《娱乐至死》的解读，而且是对波斯曼批判思想的诠释，亦是波斯曼的学术小传，还是媒介环境学学术史的一个剖面，更是作者个人在21世纪对该学派思想的发展。

纽约大学教授杰伊·罗森（Jay Rosen）推崇《震惊致死》的多

重意义："《震惊致死》是陪伴我们阅读《娱乐至死》的指南，这既是一位学术大家的传略，又是时代精神的扫描，还是送给恩师的献词。如果你喜欢《震惊至死》，你就会心存感激。我心存感激，并大力推荐之。"

乔治城大学教授黛博拉·坦纳（Deborah Tannen）肯定《震惊至死》的推陈出新："兰斯·斯特拉特驾轻就熟，把波斯曼的洞见送给新的一代、新的世纪。而且，他进一步说明如何驾驭媒介，如何利用不断演化的媒介，而不是让媒介利用我们。"

六、各章提要

第一章"致命的娱乐"讲解并评述《娱乐至死》，引用《娱乐至死》压轴的一句话："人们成为消极的受众，公共事务成为杂耍表演。此时，国家处在危险之中，文化死亡显然是可能的结局了。"

第二章"架设通向尼尔·波斯曼的桥梁"是波斯曼的学术小传，检视他的二十余部著作。斯特拉特断言："对波斯曼而言，媒介环境学是发展中的工程，总是由他心目中的伟大思想家和伟大著作主导。直至今天，'什么是媒介环境学'这个问题的最佳答案是，'谁'代表媒介环境学。"（英文版，p. 43）

第三章"作为学术活动的媒介环境学"对媒介环境学这个研究领域作几点归纳，以帮助读者理解波斯曼的视角和路径。（英文版，p. 43）

（1）媒介环境学是开放的系统，以传播研究为中心，却又不囿于传播研究。（英文版，p. 43）

（2）媒介环境学没有清晰而独特的源点，用无形学苑（invisible colleges）的名号来描绘媒介环境学者的关系更妥当。（英文版，p. 44）

（3）媒介环境学与美国文化研究密切相关，与北美精神传统也密切相关。（英文版，p. 45）

（4）媒介环境学主张泛媒介论。（英文版，p. 45）

（5）媒介环境学者的人文关怀：什么推进人类历史？什么使人之所以为人？人类的前景如何？我们的文化前景如何？（英文版，p. 58）

第四章“演进中的美国媒介环境学”历数、讲解并批评美国历史上的各种媒介。兹摘引作者两条精彩的点评：

“波斯曼批评的娱乐至死和信息至死、电视和电脑、娱乐和信息的两条线可以这样来理解：这是他对两种极端语言传播的抨击。”（英文版，p. 76）

“他关心的主要是公共话语的性质、文化的健康和社会的未来。在《娱乐至死》《技术垄断》《教育的终结》和《修建通向 18 世纪的桥梁》里，他反复回归催生美利坚合众国的启蒙运动的理想，要我们考虑，印刷文化诞生的民主及其对语词的敬重在电子媒介时代是否能存活下去。”（英文版，p. 81）

第五章“不连贯的新闻”讲娱乐至死对新闻的损害。作者引用波斯曼的一段话充分说明新闻的破碎：“我们已经彻底适应新闻界的‘好了，现在……’口头禅——这是一个碎片化的世界，事件彼此独立，它们与过去、未来的关系被剥夺殆尽，与其他事件的关系也被剥夺殆尽——一切连贯性设想都无影无踪了。”（英文版，p. 94）

第六章“部落发声”是借用电视真人秀《生还者》的另一段妙语，认为秘密投票的后书面文化是口语文化和书面文化的大杂烩。

第七章“霓虹神灵”讲电子媒介尤其电视对神灵形象的瓦解。精彩的论述有：

“上帝在电视上输掉了，因为电视的视觉偏向与上帝的抽象概念不协调，电视的亲近偏向与上帝的本质相抵触，因为上帝高于人，与人不同。而电视镜头的焦点转向人，尤其布道人、牧师或教士。”（英文版，p. 117）

“在电视上，上帝是模糊而附属的人格角色……电视上彩色的大特写面孔力量强大，致使偶像崇拜成为持久的危害。电视毕竟是雕塑偶像的一种形式，其诱惑胜过金牛犊。”（英文版，pp. 117—118）

“电视改变了布道人或教士的性质，把一个略有距离的权威人士变成名流……教士成了娱乐人士、投缘的主播和名流，其名气并非源自宗教虔诚，而是由于其人格和外貌。”（英文版，p. 118）

第八章“大盗窃教育”批评电视使教育委琐化，以及跳跃和浅表的线上阅读，作者断言：“淹没在过载的信息里，受太多的娱乐干扰，教学的消逝就是学校的消逝。”（英文版，p. 132）

第九章“暴风雨”重温波斯曼对新闻业、政治、宗教和教育四大案例的研究，认为它们是美国文化的四大基石，主张强化这四大机构，以抗衡电子媒介环境和当代技术对文化的冲击。作者借用“暴风雨”的隐喻，主张回归理性和启蒙时代的理想。

全书结尾的一句话是《震惊至死》主题的点睛之笔：“娱乐至死、信息过载至死、震惊至死、虚度光阴——我们要对抗这一趋势，我们要用健全而明智的对话对抗一切疯话、蠢话。唯其如此，我们才能开启说话、思考并教育自己回归生活的旅程。”（英文版，pp. 145—146）

七、我们学习什么？

在许多场合和不同语境中，我反复重申媒介环境学的学科优势。

三十多年来，我参与传播学三大学派经典名著的译介，对各派理论有所了解。

几十年来的历史证明：经验学派一派独大；批判学派在欧洲有市场，在美国“水土不服”；媒介环境学派长期在美国受经验学派排挤。我深感有必要矫正传播学圈子失衡的缺憾，我非常希望批判学派和媒介环境学派能够问鼎北美传播学的主流圈子。

从哲学高度俯瞰这三个学派，其基本轮廓是经验学派埋头实用问题和短期效应，重器而不重道；批判学派固守意识形态批判，重道而不重器；媒介环境学着重于媒介的长效影响，偏重宏观的分析、描绘和批评，缺少微观的务实和个案研究。

1998 年 9 月 4 日，波斯曼在媒介环境学会的成立大会上作主题报告，题为《媒介环境学的人文关怀》。这既是媒介环境学的宣言书，又是他个人的自白书。他借此机会简明扼要地阐述了媒介环境学的由来和宗旨，旗帜鲜明地张扬媒介环境学的现实关怀、人文关怀和道德关怀，严厉批评缺乏道德关怀的倾向。

在这篇讲演中，波斯曼还提出了四条人文主义原则，用以指导媒介研究和传播研究：（1）媒介在多大程度上对理性思维的发展作出了贡献？（2）媒介在多大程度上对民主进程的发展作出了贡献？（3）新媒介在多大程度上使人能够获取更多有意义的信息？（4）新媒介在多大程度上提高或有损我们的道德感、我们向善的能力？

斯特拉特继承并发扬波斯曼的媒介理论，把我们带进 21 世纪新媒介和社交媒介的语境。

我激赏他对媒介环境学的高度评价："媒介环境学的研究路径不仅是我们时代最重要的思想发展，而且是人类生存的关键所在。"（中文版序，p. 8）

我赞赏他对特朗普竞选总统胜出的观察和分析：

"请容我讲述我个人如何兴趣盎然地观察他 2015 年是如何参与初选的。我注意到，由于他习惯上电视，所以他的外观和人格在电视媒介上的效果好。2015 年年底前我就预测，他将赢得共和党提名，如果他与希拉里·克林顿对阵，他可能是我们的下一任总统……希拉里·克林顿在电视上表现的效果不佳，加上她早前就有的形象问题，以及她几十年来的定型，这就意味着，和使用电子媒介效果好的竞选者对阵时，她不能胜出。"（中文版序，pp. 9—10）

"如果没有电视和社交媒介，特朗普政治上的成功是不可能的。"（中文版序，p. 10）

特朗普"是名流，是新闻故事和八卦专栏的话题人物，他还参加过十三部电影、一些商业广告和音乐视频以及二十种电视节目的拍摄，包括主持喜剧节目《周六夜现场》（*Saturday Night Live*），多次在《世界摔跤娱乐》（*World Wrestling Entertainment*）节目里露面。他还是电视真人秀的明星，长达十四年。他谙熟电视人格，深知它给选民提供的虚假亲切感，而虚假亲切感引向研究者所谓的准社会关系。作为媒体专业人士，他的经验使他在直播的访谈和辩论中优势明显。除此之外还要加上他对社交媒介的使用，推特是十年前使公共关系革命

化的社交媒介，推特使他直接与选民交流，使他以前所未有的方式每天主导新闻”。（中文版序，pp. 10—11）

我赞同他对《震惊至死》的期许：《震惊至死》加深我们对波斯曼著作的理解，使他的著作更明晰，能为他的书提供语境，能阐明他对媒介环境学领域和思想史的贡献，并阐明其意义。（中文版序，p. 11）

何道宽

2019 年 1 月 4 日

第一部

第一章　致命的娱乐

古谚云：罗马被焚时，尼禄皇帝尚在弹琴作乐。这句古谚表达了一个基本的道理：对严重的事情，人们的反应总是不充分、不妥当、忽略警告、轻忽悲剧的。而真实的情况是，公元前 64 年罗马大火时，尼禄并不在世，他不在罗马；无论怎么说，提琴是 16 世纪才发明的，关于尼禄皇帝的这句古谚是 16 世纪以后才出现的。不过，这句古谚价值不在于它对罗马帝国的第五位皇帝尼禄的刻画是否准确，而是在于能给我们提供一个通俗的隐喻，讥讽面对严重事件时不负责任的愚蠢行为。自此，罗马被焚时弹琴作乐的古谚尤其专指政客面对危机时的不作为。然而，就民主制度下的公民而言，我们要为管理自己负责，我们弹琴时没有人在独奏，我们大家都是乐队里的乐手。

“罗马被焚，弹琴作乐”不妨是《娱乐至死》（1985）书名的另一选择。尼尔·波斯曼不是用清教徒的口吻谴责一切消遣和休闲，也不是用精英的长篇大论哀叹今日青年缺乏品位，道德沦丧，礼节缺失。他指认的问题不是我们追求娱乐、喜欢玩耍。娱乐是人之为人的必备条件，这是他欣然确认的道理。相反，这个问题是语境问题。在城市遭遇大火时，我们指望领导人作出严肃的回应，而不是弹琴作乐的回应。在有些情况下，比如庭审、宗教仪式或课堂，我们期待某种程度的得体礼仪和恰当行为，至少要防止扰乱。民主社会必须处理重大事务时，我们应该指望严肃的讨论和辩论，并将其作为当前和未来决策的基础。对语境的理解位居波斯曼讯息的核心，《传道书》（3：1）雄辩地表达这样的理解："凡事都有定期，天下万物都有定时。"

波斯曼认为，有用于娱乐的时间，也有需要认真做事的时间。由于媒介和技术拓宽了我们用于自娱自乐的能力，我们失去了区分这两种时间的能力，模糊了两者的边界，偏爱上了娱乐。结果，我们发觉自己因享受某种好事而受害。我们都深知，滋补身体的食物吃得太多使人肥胖，运动过度可能伤身，用药剂量太大可能致命。任何生态系统的首要价值是平衡，波斯曼确认，20 世纪的美国文化处于危险的失衡状态。《娱乐至死》书名里的"死"绝非夸大之词；它显示，我们的失衡使人不得不问，我们的文化、自由民主甚至人类的生存是否成了问题。

波斯曼的批评剑指当下，即 20 世纪 80 年代初，但他瞄准的是未来。他的文集《认真的反对》（*Conscientious Objections*，1988）含有一章《娱乐至死》的概要，题名"未来的次货"（*Future Shlock*），这是借用"未来的冲击"（Future Shock）的双关语。他在该章的导语里解释说：

> 1963 年中期，我和同事查尔斯·韦因加特纳（Charles Weingartner）联名在美国英语教师学会的年会上致辞。我们用 Future Shock 描绘快速技术变革引起的社会瘫痪。就我所知，韦因加特纳和我是率先在公开论坛上使用 Future Shock 一语的人。当然，韦因加特纳和我都不曾写题名 Future Shock 的书，

《未来的冲击》(*Future Shock*)一书的功劳属于阿尔文·托夫勒[1],他抓住了这一露头的妙语,予以确认。(p. 162)

人们常常把一句引语“未来不是昔日的样子”归之于尤吉·贝拉[2]。不过,这句话可追溯到法国诗人和哲学家保罗·瓦莱里(Paul Valéry,1871—1945)。诚然,未来总是有某种程度的不确定性,但正如这两位妙语人所确认的那样,在20世纪,未来全然不可预测,几乎完全无法谋划了。这正是托夫勒《未来的冲击》(1970)的意义所在:不断加速的变革把未来拽入现在,产生近乎未来震撼的心理紊乱。托夫勒的讯息是:我们需要自我调整,以适应快速变化的技术环境及其引发的剧烈社会动荡,正如先锋视频艺术家白南准(Nam June Paik)所宣示的那样,未来即现在。但“未来即现在”和“我们失去了未来”两种说法有很大的差异吗?哈罗德·伊尼斯[3](1951)就西方社会当下中心取向发出警示(亦见Strate,2011),波斯曼也考问,我们是否还能就我们的走向、我们的文化存活的前景开展认真的讨论。波斯曼(1988)写道,“未来的冲击产生混乱、优柔、心理断根的人”,未来冲击的“特点是集体智能的快速磨蚀”(p. 163)如果我们想要拥有未来,我们就亟须这样的智慧。

波斯曼的批评对有些人而言似乎太消极。然而,我们失去方向时,除了疾呼矫正航程外,我们还能做什么呢?诺伯特·维

〔1〕阿尔文·托夫勒(Alvin Toffler,1928—2016),美国未来学家,著有《未来的冲击》《第三次浪潮》《权力的转移》《财富的革命》等。

〔2〕尤吉·贝拉(Yogi Berra,1925—2015),美国棒球明星。

〔3〕哈罗德·伊尼斯(Harold Innis,1894—1952),多伦多大学教授,加拿大经济学家、传播学家,媒介环境学奠基人,著有《帝国与传播》《传播的偏向》《变化中的时间观念》等。

纳[1]（1950，1961）根据希腊词“舵手”（与“管理”同根）新造了cybernetics（控制论）一词。紧随其后，波斯曼（1979）主张，我们需要内稳态机制来恢复失去的平衡。格雷戈里·贝特森[2]（Gregory Bateson，1972，1979）解释说，维持平衡的控制功能的关键所在是通过负反馈的频繁纠错（亦见Deacon，2012）；正反馈强化我们之所为，用宪法语言来说，负反馈提供制约与平衡机制。无论我们想象尼禄皇帝演奏的是刺耳的“山火”或宁静的“心与花”，面对如此虚无的声道时，波斯曼可能会选用全然迥异、充满希望的《屋顶上的小提琴手》（*Fiddler on the Roof*）的乐曲。在这出音乐剧里，主角特维说自己和村民“人人都是这样的小提琴手，努力拉出愉悦而简洁的曲调，同时不至于扭断脖子”。接着他解释不失败的诀窍，归纳为一个词“传统”。该剧的主题是需要应对变革和现代化。面对可能会使人士气低落、迷失方向、失去平衡时，传统就成为亟须的平衡力。再者，语境是必不可少的，舍此，过分强调传统可能会导致僵化、不灵活的文化，难以适应变化的情况。这是波斯曼一段时间以来表示的关切，尤其在他与韦因加特纳合著的《作为颠覆活动的教学》（*Teaching as A Subversive Activity*，1969）里表达的关切。

一般地说，波斯曼有关文化平衡的理想并不被视为乌有乡愿景，他大概会抗拒这样的描绘。不过，乌有乡的目标不必是僵化完美的状态，而是健全而健康的社会（Fuller，1969）。乌有乡一词常被用于贬义，暗示不切实际、不妥当的理想化设想（如“乌托邦

〔1〕 诺伯特·维纳（Norbert Weiner，1894—1964），美国数学家，美国科学院院士，控制论创始人，获总统勋章，著有《控制论》《人有人的用处》等。

〔2〕 格雷戈里·贝特森（Gregory Bateson，1861—1926），英国生物学家、人类学家，控制论学者，著有《孟德尔的遗传原理》《遗传学问题》《迈向心智生态学之路》《心灵与自然》等。

计划”），但它又可以表示改善人类境遇的重要的渴望，比如刘易斯·芒福德（1922）就写道：“人们越是作用于环境，并根据人的模式来改造环境，他们就越是生活在乌有乡之中。”（p. 11）对他而言，达到乌有乡境界不是机械化、工业化和技术进步的问题。相反，效仿威廉·莫里斯[1]的19世纪小说《乌有乡消息》（*News from Nowhere*），芒福德把乌有乡视为政治、经济、社会和道德的进步，视为更人性化和有机化生活方式的复原。乌有乡理想的实质是一种能力，即展望未来，相信建设比当下世界更加美好世界可能性的能力。芒福德（1934，1967，1970）满怀希望的憧憬，他对机械化的猛烈批判，在形塑波斯曼对媒介和技术所持的立场中发挥了重大的作用。

思考未来，思考我们思考未来的方式可能构成对我们的挑战。我们当代人的当下中心取向与电子媒介对速度和即时性的偏重是直接相关的（Strate，2011），同时，我们前所未有的生产和复制视觉形象的能力产生了雅克·艾吕尔[2]（1985）所谓的“语词的羞辱”（the humiliation of the word）。在人类生存的大部分时间里，我们聚焦于传统及知识的保护和保存，因此我们的首要取向是面对过去。在文字发明以前，我们没有超越集体记忆的保存知识的手段，自然就产生了反对新奇和革新的偏向（Goody，1977；Havelock，1963，1986；McLuhan，1962；Ong，1967，1982）。时间被理解为循环的，而不是线性的，口语社会回眸过去的黄金时代，渴望恢复它（Eliade，

---

〔1〕 威廉·莫里斯（William Morris，1834—1896），英国设计师、诗人，社会主义者、自学成才的工匠。

〔2〕 雅克·艾吕尔（Jacques Ellul，1912—1994），法国哲学家，著有《无政府状态与基督教》《城市的意义》《西方的背叛》《新的魔鬼》《技术社会》《资源的伦理》《宣传》等。

1954，Kirk，1970，1975）。文字的引入使书面记录和历法成为可能，随之而起的是线性时间观念的滥觞，以及知识的稳步积累。字母表的发明和最早的信史相联系，描绘历史事件的叙事以线性的方式展开，这起始于古以色列，接着是古希腊。但传统压倒一切的价值转向前瞻进步信念的变革并未充分站稳脚跟，直到早期近代欧洲的印刷革命（Eisenstein，1979），印刷革命才迎来我们所谓的现代社会。印刷文化促进了科学技术的加速发展，包括18世纪晚期发明的蒸汽机，蒸汽机带来了工业革命。

乌有乡的故事和上述发展平行，始于公元前4世纪柏拉图的《对话录》，这是古希腊书面文化的产物。托马斯·莫尔〔1〕虚构的《乌托邦》（*Utopia*）1516年问世，距谷登堡发明印刷机不到一百年。工业革命期间出现的这类著作有萨缪尔·勃特勒〔2〕的小说《乌有乡》（*Erewhon*，1872）、爱德华·贝拉米〔3〕的《回顾》（*Looking Backward*，1887），以及上文提及的《乌有乡消息》（1890），最后这本书是莫里斯对贝拉米的回应。乌托邦幻想一般和乐观观点相联系，但未来趋向也可能和批判视角相偶合。同样是在工业时代，一个与乌托邦意义相对的词“反乌托邦”（dystopia）被造出来。这是约翰·斯图尔特·密尔〔4〕1868年在英国议会的讲话中启用的字眼。反乌托邦的文学在20世纪初出现，这些故事外推至未来，警示世人走错了方向。它们不同

---

〔1〕托马斯·莫尔（Thomas More，1477—1535），英国人文主义者，天主教圣徒，曾任下院议长、内阁大臣，著《乌托邦》，因对国王亨利八世离婚案及教会政策持异议，被诬陷处死。

〔2〕萨缪尔·勃特勒（Samuel Butler，1835—1902），英国小说家，辛辣讽刺资产阶级的道德、宗教、家庭制度、非理性思潮和机械主义，著有《乌有乡》《重游乌有乡》《众生之路》等。

〔3〕爱德华·贝拉米（Edward Bellamy，1850—1898），美国小说家、记者，著有小说《回顾》和《平等》。

〔4〕约翰·斯图尔特·密尔（John Stuart Mill，1806—1873），英国逻辑学家、经济学家。

于当前人们痴迷的文明崩溃故事，无论崩溃的原因是核战争、流行病、外敌入侵、超自然力的干预还是一直流行的僵尸大灾变。反乌托邦故事描绘这样的未来：进步引起人的自由的严重丧失，科学进步导致前所未有的去人性化形式，技术革新使国家的极权主义控制成为可能。

反乌托邦文学最著名的典范是1949年出版的乔治·奥威尔[1]的书，他决定用《一九八四》作为书名，赋予那一年很厚重的象征力。难怪，1984年来临时，围绕这本书的讨论层出不穷；但1984年真的到来时，他预料的未来噩梦并未到来。比如，在橄榄球超级碗的广告中，苹果公司1月24日投放的广告云："1月24日，苹果电脑，苹果公司将推出麦金托什电脑。你将明白我们的1984为什么不像奥威尔的《一九八四》。"波斯曼《娱乐至死》（1985）大量的篇幅以此为背景。1984年的美国不像奥威尔的反乌托邦，对这一点波斯曼表示赞同，然而他争辩说，我们正在滑向另一种反乌托邦，颇像奥尔都斯·赫胥黎在《美丽新世界》（1932）里描绘的反乌托邦。不过，虽然在这个意义上波斯曼反对奥威尔，但我认为重要的是指出，他很敬重奥威尔的写作才能（如Postman，1988）。他特别喜欢奥威尔的散文，尤其《政治和英语》（*Politics and the English Language*，1946）。这篇文章批评英语的误用，而这样的误用正是其创作《一九八四》的基础。在奥威尔的反乌托邦里，一个极权政府试图用各种胁迫、监视和全方位宣传以及各种心理术来摧毁人的自由，其目的不亚于思想控制。奥威尔启用"双重思想"（doublethink）一词，指的是同时握有并完全接受互相矛盾的意见或信念却又不感到

〔1〕乔治·奥威尔（George Orwell，1903—1950），英国作家，以其极富想象力的反乌托邦小说《一九八四》和《动物庄园》而闻名于世。

认知不和谐的能力，首要的例子是《一九八四》里党的口号："战争即和平，自由即奴役"和"愚昧即力量"。更常用的"模棱扯淡"（doublespeak）就是奥威尔的《一九八四》出版后仿照其用语而出现的语词，反映了奥威尔对英语词汇的影响，也反映了他对语言误导和操纵的担心。值得指出的是，美国英语教师学会1974年针对欺骗性语言设立了"模棱扯淡奖"，次年又增设"奥威尔诚实明快语言奖"。1986年，尼尔·波斯曼的《娱乐至死》获"奥威尔诚实明快语言奖"。

奥威尔使用"双重思想"一词，而不是"模棱扯淡"一词，因为他借鉴的是这样一种理念：语言赋予我们思维工具，在理解世界和我们自己中发挥重要的作用。《一九八四》的附录题名"新语的原理"（The Principles of Newspeak）阐述了这个观点：

> "新语"（Newspeak）是大洋国（Oceania）的语言，是人为设计出来以满足英索社会主义（Ingsoc）需要的……"新语"不仅是要为其信奉者表达世界观和心灵习惯提供一种媒介，而且是要使其他一切思维方式成为不可能。其宗旨是，"新语"被采用，其他一切语言和"旧语"（Oldspeak）就被遗忘，异端思想——偏离英索社会主义的思想——简直就不可想象了，至少就思想一种语词而言，异端思想就不可能了。其词汇精心建设，赋予党员希望表达的准确而细腻的意思，同时排除其他一切意义，排除一切迂回手段达到其他意义的可能性。达此目的的手段部分是靠发明新词，主要是靠消除不尽如人意的语词，余留的语词也被剥去一切非正统的意思，尽可能剥去一切次生意思

> 的可能性。仅举一例，“自由”（free）一词留在“新语”里，但只能用在以下句子里，即“狗身上没有（free from）虱子”，或“田地里没有（free from）杂草”。它再也不能用于原来的意思，即“政治自由”或“思想自由”，因为这样的概念不再存在，必然是无名的。除了压制明明白白的异见语词，减少词汇量本身就是目的。凡是被弃用的语词都不允许再存在。“新语”的设计不是为了拓宽思想范围，而是要减少思想范围。把可供选用的词汇减少到最低限度，这就有助于间接达成目的了。

作为一种思想试验，“新语”代表着语言相对论的实用（虽然很不道德）的应用，但这样的应用反映的是极权政府对语言的实际控制（Mueller，1973；Arendt，2004）；主张语言相对论的学者有爱德华·萨丕尔[1]、本杰明·L. 沃尔夫[2]、多萝西·李（Dorothy Lee）等人。除了众所周知的希特勒的纳粹德国、斯大林的苏联，奥威尔还调动他对英国和美国之类的民主国家在战时的观察和体会。鉴于语言如何影响我们如何思考、如何看世界，这一事实却有一点讥讽的味道：奥威尔挑选的书名“1984”被视为预言，而不是随意的命名。毕竟，他写《一九八四》的时间是1948年，只不过把最后两位数换位，就得到书名及其时间框架，其中的主要人物温斯顿·史密斯告诉读者，他甚至不肯定，那一年就是1984。如果就1984绝不

[1] 爱德华·萨丕尔（Edward Sapir，1884—1939），美国语言学家、人类学家、文化语言学和结构主义语言学的奠基人之一，以研究印第安人语言著称，与学生沃尔夫一道提出著名的“萨丕尔—沃尔夫假说”，代表作为《语言》。

[2] 本杰明·L. 沃尔夫（Benjamin L. Whorf，1897—1941），美国语言学家，结构主义大师，与老师萨丕尔一道提出著名的“萨丕尔—沃尔夫假说”，代表作有《论语言、思维和现实》等。

像 1948 这一事实大做文章，那就是波斯曼（1976）所谓的“蠢话”（stupid talk），很像他举的一个例子：

> 为了调整立法以吻合天象的实际情况，不列颠政府立法规定，1752 年 9 月 2 日调整为 9 月 14 日。这一法规引起公众轰动，他们认为，这样的改变会从每个人生命中夺走 11 天！这就是蠢话的典型，和一个人抱怨天气热的推理无异，听见别人说，温度计显示 98 华氏度时，他应声说：“难怪这么热！”（p. 141）

以 1984 年为标记的庆贺和沾沾自喜终于退潮，至少我们可以为此而心怀感激。如今我们已经进入 21 世纪，但 1984 年仍然是一个符号和警示。2013 年，中情局前雇员爱德华·斯诺登（Edward Snowden）揭露美国政府像“老大哥”一样监视公民后，人们对这部小说和改编的电影的兴趣重新焕发，“老大哥”是《一九八四》里政府控制的化身。但波斯曼不会挥走这样的关切，他会指向电子媒介和信息技术的社会影响、詹姆斯·贝尼格（James Beniger）所谓的控制革命、艾吕尔（1964，1965）所谓的技术社会，以及他本人（1992）所谓的技术垄断（technopoly），指向语言用于欺骗和操纵的方式。他的《娱乐至死》的批判锋芒不是指向奥威尔，而是指向迎接 1984 年的沾沾自喜的逻辑。为此目的，甫一开篇，他就指出，人人都聚焦于奥威尔，却忽略了一个事实：两相比较，奥尔都斯·赫胥黎的《美丽新世界》更有预见性，至少对西方生活更具预见性。奥威尔的反乌托邦建立在压制和镇压的基础上，强加严格的纪律和组织，完全控制生活的方方面面，相反，赫胥黎的享乐社会用性、毒品和娱乐使人规规矩矩。赫胥黎本人认识到这两本书的差异，他在《重访美丽新世界》（*Brave New World Revisited*, 1958）开篇就写道：

> 奥威尔的《一九八四》是当前指向未来的放大版映射，含有斯大林主义和刚刚目击了的纳粹主义高涨的时期。《美丽新世界》写在希特勒爬上德国至高无上地位的时候，俄国的暴君尚未大步迈入正轨。1931 年有条不紊的恐怖主义尚未成为 1948 年过度压制的事实，我幻想世界里的专制远不如奥威尔精彩描绘的专制那样残暴。在 1948 年的语境下，《一九八四》似乎令人心悸地具有说服力。然而，暴君毕竟要死，世事毕竟会变。俄国近年的发展变化、科学技术的进步使奥威尔的《一九八四》失去了可怕的逼真性。当然，核战争会使所有人的语言失去意义。但如果此刻假定，强权克制而不毁灭我们，我们就可以说，现在世事的可能性更偏向我的《美丽新世界》，而不是偏向奥威尔的《一九八四》了。（pp. 2—3）

赫胥黎委婉地表达他偏爱自己对未来的看法，而不是偏爱奥威尔的看法，我们不妨予以谅解。还值得指出的是，他的小说《猿与本质》（*Ape and Essence*, 1948）描绘了未来更黑暗的一景，他的最后一部小说《海岛》（*Island*, 1962）描绘了一个乌托邦社会。这两本小说远不如《美丽新世界》流行。然而奥威尔最著名的《一九八四》甫一问世，与其比较的著作就司空见惯了。我应该补充说，20 世纪 70 年代初我在纽约市上初中时，纽约市公立学校的教学计划里就包括了这方面的家庭作业。不过，即使波斯曼在《娱乐至死》里针对与之较量的反乌托邦的论述并非最早的论述，至少可以说，它是最雄辩的论述：

> 奥威尔害怕的是禁书的人，而赫胥黎害怕的是禁书无理由，因为那会导致无人想读书。奥威尔害怕剥夺我们信息的人，而赫胥黎害怕给我们太多信息的人，使我们沦为消极自私的人。奥威尔害怕真相被掩盖，使我们看不清，而赫胥黎害怕真相淹没在无关信息的汪洋大海中。奥威尔害怕我们成为被囚禁的文化，而赫胥黎害怕我们成为委琐的文化，沉迷在菲里斯摇滚乐、狂欢节和牌戏之类的娱乐中。在《重访美丽新世界》里，赫胥黎说，公民自由主义者和理想主义者"未能考虑人们几乎无止境的消遣胃口"。他接着说，《一九八四》里的人被伤害人的痛苦控制，《美丽新世界》里的人被伤害人的愉悦控制。简言之，奥威尔害怕，我们仇恨的东西会毁灭我们；赫胥黎害怕，我们热爱的东西会毁灭我们。（1985，pp. vii—viii）

《娱乐至死》压轴的一章题名"赫胥黎的警告"非常妥帖，波斯曼在这里写道：

> 赫胥黎教导我们，在先进技术时代，精神毁灭很可能来自于微笑的敌人，而不是来自于满脸狐疑和仇恨的敌人。在亨利希的预言里，"老大哥"不紧盯我们，那是他的选择。我们察言观色，那是我们自己的选择。牢房、封闭的大门或"真理部"都没有必要。人们因鸡毛蒜皮的小事而精力涣散时，文化生活被重新界定

> 为无休止的娱乐，严肃的公共会话成为婴儿语。总之，人们成为消极的受众，公共事务成为杂耍表演。此时，国家处在危险之中，文化死亡显然是可能的结局了。（1985，pp. 155—156）

波斯曼将赫胥黎的反乌托邦作为出发点，用来针对美国文化里的电视效应发布警报。他的基本观点是，电视媒介偏爱采用娱乐形式的内容，因而开启了一个娱乐业的时代。在电视上，即使严肃的话题也用娱乐形式来表现，导致严肃话题委琐化；使我们公民不能用有效的方式来对待严肃的话题。而且，只要电视文化构成美国文化的主导媒介，其余一切媒介都将顺应其偏向。美国公众是在娱乐民族主义里诞生的，是在思想的自由交流中生成的，实际上现代自由民主社会总体上也是这样生成的。公共话语、社会重大事情的公开讨论构成民主政府的基石，建立在书面文化开启的传播形式上，尤其建立在15世纪开启的印刷革命肇始的传播形式上。对波斯曼（1999）而言，印刷文化和启蒙运动不是乌托邦理想，而是代表一种社会的奠基礼。在这样的社会里，人们共同努力，“作用于环境，用人的范式改造环境”，以召唤芒福德（1922，p. 11）更为仔细斟酌的乌托邦概念。但是，在波斯曼看来，电视热度的上升以及与之相联的后书面文化所代表的挑战指向了反乌托邦的未来。

波斯曼在《娱乐至死》里对愉悦、娱乐和电视着墨甚多，但那仅仅是故事的一半。赫胥黎笔下的反乌托邦也是崇拜各种技术形式的社会。赫胥黎这本书问世时，装配线的引入还不到二十年，其发明者亨利·福特（Henry Ford）可能是美国最令人崇敬的人。在《美丽新世界》表现的未来里，批量生产技术已被用于人的生殖，自然受孕和分娩不再发生，试管婴儿在工厂里繁殖，融入预先设定的智能模式中，非技能劳动由受到智能挑战的“艾普西隆”人完成，领导角色则交给智能发达的“阿尔法”人。基因工程由心理灌输与药物治疗来辅助——预示着《百忧解国家》（*Prozac Nation*，Wurtzel，1995）这种影片的到来。同时，许多娱乐形式接连发生，造就了充分整合、有效运作的社会，而这个社会却没有自由，宛若奥威尔笔下的“古拉格”世界。

在赫胥黎的《美丽新世界》里，人们向亨利·福特祈祷，而不是向上帝祈祷，耶稣蒙难和十字架被福特汽车公司的“T”徽标取代，其指向是装配线的第一种产品，即福特的“T”型车。如今，我们把我们的社会视为后工业社会，把我们的生产资料视为后福特时代的生产资料，但重要的是，赫胥黎的反乌托邦酷似波斯曼在《技术垄断：文化向技术投降》（*Technopoly: The Surrender of Culture to Technology*，1992）里探讨的社会。这是技术垄断文化的社会，在这里，给技术革新踩刹车的手段寥寥无几。这是社会的失衡，没有传统意识，除了技术别无价值，为技术而技术。在技术垄断的社会里生活时，技术像电视一样成了脱缰的野马，因而获得了更大的力量来形塑和重塑我们的世界观和生活方式，技术强迫症因此而被强化。效率和娱乐似乎有矛盾，就此而言，我们对娱乐的看重是大批量效率传播的结果，这样的效率又是电子媒介促成的。反过来，电子媒介服务于效率，把个人整合进技术社会里，发挥了雅克·艾吕尔（1965）所谓社会宣传的作用，使技术成为价值系统了。

第二章　架设通向尼尔·波斯曼的桥梁

读者所获悉的作者印象可能不够准确，这样的情况并非异常。和面对面的交流相反，书面文本使语言脱离时空语境，如此，它赋予书面语词一定程度上的永久性，否则，语词是没有永恒性的。而且，书面文本损害的不仅是眼前和直接交流的情境，而且还失去了一个活生生在场的人。正如柏拉图（Plato，1973）两千年前解释的那样，文字是没有人情味的交流形式，因为它剔除了交流的人，一定程度上还剔除了交流讯息的人格。书面文件使语言成为抽象的、去除了语境的形式，使之缺乏互动性、不能回应，因为作者不在场或可能已不在世而不能回答问题，不能解释或阐述自己的意思；而读者不得不通过诠释讯息的过程去重构语境，结果可能和作者意图传达的意思大相径庭。柏拉图还批评说，书面文本的读者可能不是作者意指的对象（加重了误解的可能性），文字减弱记忆力，使记忆不再必需，使读者貌似所知甚多，实际却没有相关的知识。除这些批评外，我们还可以指出书面词的压倒性优势。它使已知者与知识分离，正如埃里克·哈弗洛克（Eric Havelock，1963）所言，文字为我们提供了一点距离和客观性，容许我们一定程度的自由，使我们能按照文字本来的情况去批评和评估言论、主张和思想。波斯曼喜欢书面文化和印刷术的偏向所形塑的话语，将其视为理想的形式，其原因就在这里。他有意使他的每一本书都凭借本身的优长和价值站稳脚跟（或败落）。

尽管如此，作者是具体的人，是具体时间地点的产物，他们书写身处的环境——这样去理解作者是有价值的。他们不是抽象的权威，尽管印刷词这种媒介使他们好像是权威。此外，如果把作品置入作者生平和生涯的大语境，这对理解他有意传递的讯息是有帮助的。我将在这篇小小的传略里帮助读者去理解他。首先我指出，读完《娱乐至死》后，读者有时得到的印象是，波斯曼是执拗的或精英的势利人。事实正好相反，具有讽刺意味的是，有人可能会说，他很有趣，喜欢玩，脾气好，开朗。借用一个陈词说，他人缘好。他喜欢交谈，无论交谈的对象是美国总统（他曾与克林顿总统交谈）、看门人或出租车司机。他有迷倒大多数交谈者的诀窍，善于提问，使人畅所欲言，这样的才能还使他成为杰出的教育家。对他而言，面对面交流最重要，无论在课堂上、在公共演说或私下聊天时，面对面交流是第一位的。当然，他还因著书立说而非常自豪。他喜欢报刊引用他的言论，喜欢上广播电视。但他首先是老师和同事，是朋友和顾家的人。

尼尔·波斯曼的生平非常有趣、成就卓著，值得我们写长篇传记。但这一章的篇幅只能提供简略的巡礼，借用我（1994，2003，2006a，2006b，2006c，2011）和别人（M. Frommer，H. Frommer，1995；Gencarelli，2000，2006a，2006b；Lum，2006；Postman，2003）撰写的一些材料，以及我和波斯曼夫人谢莉·波斯曼（Shelley Postman）交谈的内容。

波斯曼的祖父母在 19 世纪末随东欧的犹太移民浪潮来到美国，

他的父母生在纽约，在曼哈顿的下东区长大，他本人生于1931年3月8日，在布鲁克林的弗拉特布什成长，这是一个犹太人聚居区，伍迪·艾伦[1]、艾萨克·阿西莫夫[2]、劳伦·白考尔[3]、梅尔·布鲁克斯[4]、丹尼·凯[5]、桑迪·柯法斯[6]、诺曼·梅勒[7]、泽罗·莫斯苔[8]、莫里斯·桑达克[9]、芭芭拉·史翠珊[10]和亨尼·扬曼[11]都来自这里。这是一个多语言小区，居民操德语、匈牙利语、罗马尼亚语、立陶宛语和俄语，意第绪语成为共同语。波斯曼本人会一点意第绪语，学会了希伯来语，这是他宗教训练的一部分。两个学生在接受口述历史的采访中，作了如下披露：

> 我的父母没有组织意义上的宗教信仰，虽然他们在重要假日里上犹太教堂。但他们让我5岁起就上希伯来语学校，因为住在我们楼里的老师很穷。这的确是善举。（M. Frommer，H. Frommer，1995，p. 188）

据此背景，他幼年意识到语言的力量，就不足为奇了。此外，

---

〔1〕伍迪·艾伦（Woody Allen，1935— ），演员、导演。
〔2〕艾萨克·阿西莫夫（Isaac Asimov，1920—1992），科学家、科幻小说家。
〔3〕劳伦·白考尔（Lauren Bacall，1924—2014），演员。
〔4〕梅尔·布鲁克斯（Mel Brooks，1926— ）演员、编剧、制片人。
〔5〕丹尼·凯（Danny Kaye，1913—1987），演员。
〔6〕桑迪·柯法斯（Sandy Koufax，1935— ），演员。
〔7〕诺曼·梅勒（Norman Mailer，1923—2007），小说家。
〔8〕泽罗·莫斯苔（Zero Mostel，1915—1977），演员。
〔9〕莫里斯·桑达克（Maurice Sendak，1928—2012），作家、插图家、艺术家。
〔10〕芭芭拉·史翠珊（Barbra Streisand，1942— ），演员、导演。
〔11〕亨尼·扬曼（Henny Youngman，1906—1988），演员。

虽然布鲁克林口音有名，但彼时公共学校的教育还是很强调语法和用词，所以他学会了用纽约文化精英的方式和习语说话。而且，公共学校还向他灌输了对美国民主的赞赏，这与他的族群和宗教遗产兼容，没有麻烦。他解释说：

> 我在成长过程中学会了热爱美国信条，同时又受到更具“部落味”的故事的激励，我相当依恋这样的灵感。身为犹太人的父母要求我上两所学校：一是公共学校，华盛顿、杰斐逊、麦迪逊、托马斯·潘恩、林肯是这里的偶像；一是“犹太”学校，在这里，亚伯拉罕、撒拉、以撒、利百加、雅各、拉结、利亚和摩西的名字同样神圣。（1995，pp. 14—15）

彼时，同化是所有移民社群的目标。学校是儿童学会完全美国化的载体，同时又对族群身份维持一定程度的默许。对犹太裔美国人而言，第二次世界大战和大屠杀进一步强化了同化的势头，波斯曼解释说：

> 八岁时，我听说欧洲犹太人被迫害和屠杀的故事。除了这一重大事变即战争和大屠杀外，我的童年颇有田园牧歌的色彩。我把灾难和田园生活捆在一起。意识到你可能没有任何过错，仅仅是因为你是犹太人，就被人杀死，这使人不寒而栗。（M. Frommer，H. Frommer，1995，p. 117）

波斯曼（1988，p. 43）提及，他的一个舅舅和舅妈在达豪集中营被害。不过，他们遇难的地方距离遥远。美国国内已动员起来，保持着警惕，威胁并不在眼前，所以在纽约市的一个族群飞地里的生活给人相当安全的感觉。于是，如他所说：

> 在我小的时候，你绝不会否认自己是犹太人，但有一种态度是，外界不必知道我们的身份。你不必把这当作什么大事。你在学校按照老师的话做事，已成为美国人。你不必提起安息日、光明节。（M. Frommer，H. Frommer，1995，p. 230）

对我们理解波斯曼的人而言，他的犹太身份是没有疑问的。上课的时候、聊天的时候，他会提及自己的宗教信仰和族群背景。在正式交流的场合，比如公共讲演、发表作品时，他不会泄露这些信息，因为他想以美国人的身份与美国人交流。他的读者对他的犹太信仰不甚了了，我对这一情况的了解是在1985年《娱乐至死》出版后。我搜索广播电台时，偶然听见宗教电台上一位布道人向听众解释这本书。讲到宗教和电视上的福音布道时，他的“我不肯定，波斯曼是否是基督徒……”这句话说明，波斯曼展现自己无教派的公共人格，成功了。不久前，我的一位同事坦承，她曾经设想，波斯曼是新教徒，根据是波斯曼说过的一句话：他是“美国教会理事会神学、教育和电子媒介委员会的委员”（p. 124）。

成年以后，波斯曼不太谨守宗教仪式，但孩子们未成年时，他和妻子参加一个改革派教众的聚会。安德鲁·波斯曼（2003）悼念父亲时说，“我的父亲喜欢当犹太人”，又接着说，“我的父亲喜欢散步，尤其在犹太节日里散步”。他还指出：

> 我父亲做悼词比谁都深刻。也许你不熟悉他正在追悼的亡者，即使你熟悉吧，等到他念悼词，赞美亡者的生命意义时，你禁不住要哭泣，部分是为自己伤心吧，因为你希望你本来应该更了解亡者。我父亲追悼过他的母亲、外祖父、他的姑姑等人。人们会在追悼结束后排队请他在自己的葬礼上做悼词。

波斯曼批判宗教狂热和极端主义，但他的教养在他的身上注入对宗教话语的赞赏，他尊敬一切宗教积极的品质，尤其欣赏宗教提供如何对待生命问题的能力。多年来，他给研究生做报告，讲“如何过好余生”，把真诚的忠告和典型的幽默结合起来。珍妮特·斯腾伯格（Janet Sternberg，2006a）根据她现场的笔记整理了他的一场讲演，其中包含他的一些建议：

> 更认真地看待你的宗教信仰。
>
> 宗教是少有的几种有连续性的社会制度之一。而且，宗教解决的是对聪明人脑最有趣的问题。比如，科学考问的是“如何”，但宗教考问的是“为何”。如果你是犹太人，你就不要出席成年礼，因为有一道菜是卷成鸭肉形状的肝片。（p. 158）

除了区分神圣与世俗，波斯曼的思想历程受惠于个人族裔身份和公共民族身份的区分，因为这有助于同时从局内人和局外人的双重视角去观察自己的文化。此外，由于在成长过程中接触到不同的语言和文字，这就为他在媒介环境学领域的学术发展奠定了强大的基础。电视媒介时代的经历也为他的学术研究奠定了基础。

富兰克林·德拉诺·罗斯福当选美国总统时波斯曼不到两岁，而罗斯福去世时波斯曼十四岁，这个成长过程中的经历和罗斯福的新政奠定了波斯曼的政治基础。和大多数纽约人一样，波斯曼始终忠诚于民主党。通过他妻子的家人，他接触了劳工圈（Workmen's Circle），这个组织是犹太文化与社会主义政治的结合。他觉得这个组织的路子很有趣，不过他从未完全拥抱其路径。有的时候，他的观点进一步偏左，在20世纪60年代后期和70年代初尤其偏左，但他从来就不觉得激进政治使人感到舒服自在。20世纪80年代，应老朋友维克多·纳瓦斯基（Victor Navasky）邀请，他一度担任左派旗舰杂志《国家》（*The Nation*）的编委，但因意识形态不合而卸任。到70年代末，他采取了保守的文化立场，《娱乐至死》是其见证。有人说，这标志着他政治观点的逆转，但实际上，他终生都是坚定的自由派。他后期的两本书《教育的终结》（*The End of Education*，1995）和《修建通向18世纪的桥梁》（*Building A Bridge to the Eighteenth Century*，1999）都捍卫美国民主的理想，将其视为启蒙时代理性主义的表现。

安德鲁·波斯曼说，他父亲知道"如何以不太严肃的方式过严肃的生活"。他好玩的根源可追溯到他的幼年时代，他排行老四，最小。这一态度还见于他童年时对运动的强烈兴趣。实际上，他是优秀的运动员，在纽约米德伍德中学篮球队打球，是纽约州立大学（弗里多尼亚）校篮球队创纪录的明星；他在该校获学士学位（1953）。稍后，他曾短期效力匹兹堡海盗队，打小联盟棒球赛。当然，有游戏的时间，就有严肃认真的时间，朝鲜战争期间在美军服役时，他就懂得这一事实，所幸他未被派往海外。他既为服役自豪，又认识到战争的非正义性。这使我们理解他在越南战争期间的反战立场。

波斯曼 1951 年结识谢莉，1955 年与谢莉结婚。1958 年，他在哥伦比亚大学师范学院获教育博士学位。此间，他的精神导师路易斯·福斯戴尔（Louis Forsdale）把他引进正规的语言学研究、教育和传播领域和媒介研究领域。福斯戴尔还让波斯曼及其同班同学包括后来与他合作写书的查尔斯·韦因加特纳（Charles Weingartner）结识多伦多大学的英语教授马歇尔·麦克卢汉，彼时距离麦克卢汉在 20 世纪 60 年代成名尚有一段时间。几乎在他的所有著作里，波斯曼都提到麦克卢汉对他奇异的影响。拿到博士学位后，波斯曼去旧金山州立学院，在著名学者早川一会（S. I. Hayakawa）麾下工作（早川一会稍后任该学院院长，任加利福尼亚州参议员）。通过早川一会，他熟知了普通语义学。

作为土生的纽约人，波斯曼对移居加利福尼亚远离家人并不是很高兴。第二年纽约大学有教职招聘时，他就回到东部。谢莉·波斯曼告诉我，旅居旧金山那一年，他们把家里的一座钟调到东部标准时间。他多次对研究生讲如何过好余生（Sternberg，2006a，p. 154），总是以一句忠告开场："不要去加利福尼亚生活。"这句话保准会引起哄堂大笑。他是这样阐述的，以下引语录自斯腾伯格的笔记：

> 剧作家尼尔·西蒙[1]发现，加利福尼亚是日光浴者的文化，

---

〔1〕 尼尔·西蒙（Neil Simon，1927—　），美国剧作家。

> 他们背井离乡，淡忘源头，以此求得终年打网球的乐趣。因此，他们只有在生活如意时处于最佳状态。而且，你可以把加利福尼亚视为美国传播革命的隐喻，因为美国和加州都注重对新异和试验的热爱，同时却摒弃传统、连续性、历史、家庭，以及文化本身。（p. 154）

在《娱乐至死》（1985，p. 3）里，波斯曼把拉斯维加斯认定为表现我们当代"民族性格和抱负"的城市，他的批判锋芒多半是指向好莱坞的；在《技术垄断》里，他的批判锋芒又是指向硅谷的。我要赶紧补充说，虽然人们知道，有时他以幽默的口吻贬低加利福尼亚州（贬低是纽约文化的常见特征），但他无意要读者认真对待那样的评价，它们总是用调侃的口吻发出的。

1959年，波斯曼返回纽约市，在昆士区的弗拉辛的一个小区住下来，在这里养育了三个孩子——马克、安德鲁和玛德琳，此后一直在纽约大学教育学院执教。他受聘的特长是语言学，爱德华·萨丕尔（1921）和本杰明·沃尔夫（1956）对他的影响尤其大，其学说是：不同的语言代表编码、理解和经验世界的不同方式，构成思维、感觉、感知和行为的不同工具。这成为著名的萨丕尔—沃尔夫假说。稍后，这一假说被爱德华·T. 霍尔[1]（1959）延伸到文化的各个方面，被埃德蒙·卡彭特（1960）推广到媒介。又如福斯戴尔（1981）强调指出的那样，萨丕尔—沃尔夫假说被麦克卢汉（1964）延伸到媒介。在语言学里，这一视角被赶入地下，直到晚近才被诺

〔1〕 爱德华·T. 霍尔（Edward T. Hall，1914—2009），美国人类学家，跨文化传播之父。

姆·乔姆斯基[1]（1972）及其追随者挖出来。不过，波斯曼并不觉得，这两种视角是不可兼容的。此外，波斯曼还借鉴怀特海和罗素（1925—1927）、卡西雷尔[2]（1953）、维特根斯坦（1961，1963）和苏珊·朗格[3]（1953，1957）论符号形式的哲学著作。同时，他又将阿尔弗雷德·科日布斯基[4]（1993）、早川一会（1990）和温德尔·约翰逊[5]（1946）实用性更强的普通语义学妥帖地融入他的取向。重要的是，他早期的学问集中在英语教育，深受 I. A. 理查兹[6]（1929，1936；Ogden，Richards，1923）文学学问的影响，也深受杜威（1933，1938；Ames，Dewey，1960）教育理论的影响。

波斯曼早期著作里的核心论点是，通过语言学和语义学的纳入，以及新语言的学习，中小学的英语课是可以改进的。他所说的“新语言”就是麦克卢汉的同事卡彭特（1960）所指的传播媒介。波斯曼的第一本书《电视和英语教学》（*Television and the Teaching of English*）由他与福斯戴尔合著，受美国英语教师学会委托；书中列出该学会的电视研究委员会名单，福斯戴尔担任主委。该书 1961 年问世以后，成为“电视教育指南”，帮助教师“将电视作为教育和文化媒介，进行教学”。（p. 1）这样的教学工作后来被称为媒介

---

〔1〕 诺姆·乔姆斯基（Noam Chomsky，1928— ）美国语言学家、社会批评家，当代最著名的语言学大师之一。

〔2〕 恩斯特·卡西雷尔（Ernst Cassirer，1874—1945），德国哲学家。

〔3〕 苏珊·朗格（Susanne Langer，1895—1982），美国哲学家，符号论美学代表人物之一。

〔4〕 阿尔弗雷德·科日布斯基（Alfred Korzybski，1879—1950），美国哲学家，普通语义学创始人。

〔5〕 温德尔·约翰逊（Wendell Johnson，1906—1965），美国言语病理学家，著有《人在窘境》《因为我结巴》等。

〔6〕 I. A. 理查兹（I. A. Richards，1893—1979），英国文学评论家、诗人，新批评代表人物，代表作有《意义的意义》《实用批评》《内心的对话》《科学与诗》等。

素养。接着，波斯曼开发一套名为“新英语”的教材，供七至十二年级使用。这套书在1963年至1967年印行，含《发现你的语言》（*Discovering Your Language*，Postman，Morine，1963）、《语言的用处》（*The Uses of Language*，Postman，Damon，1965a）、《探索你的语言》（*Exploring Your Language*，Postman，1966）、《发现的语言》（*The Languages of Discovery*，Postman，Damon，1965b）、《语言与系统》（*Language and Systems*，Postman，Damon，1965c）、《语言与现实》（*Language and Reality*，Postman，1967）。这套极具创意的教材风靡全美国，把一代学生引进符号与媒介传播研究的领域。

波斯曼与查尔斯·韦因加特纳开启的合作为另一套教材提供了理论语境。这四部书是：《语言学：教学革命》（*Linguistics: A Revolution in Teaching*，1966）、《作为颠覆活动的教学》（*Teaching as A Subversive Activity*，1969）、《软性的革命：以学生为主动力的教育改革提案》（*The Soft Revolution: A Student Handbook for Turning Schools around*，1971）、《教材：为关心教育的人支招》（*The School Book: For People Who Want to Know What All the Hollering Is about*，1973b）。《语言学：教学革命》进行学术综合，对英语教师特别有用。波斯曼呼吁采用英语教学的新路径，这很适合20世纪60年代日益壮大的教育改革运动。《作为颠覆活动的教学》使波斯曼成为教育改革运动领军人物。这本书把语言学、普通语义学和麦克卢汉的媒介思想熔为一炉，不只讲英语教学，而且总体上批评美国教育制度；波斯曼呼吁采用基于“萨丕尔—沃尔夫—科日布斯基—艾姆斯—海森伯—维特根斯坦—麦克卢汉假说的教学计划……语言不仅是表达的载体，而且是驱动力；我们所感知的东西，因此我们能学习的东西，是我们语言机制的功能”（p. 101）。理解语言（包括新媒介语言）是这个新教育范式的核心。老师注重提问的艺术，以及波斯曼和韦因加特纳所谓的“探究法”（inquiry method）（p. 25），包括对语言陈述的评估，即他们所谓的“废话的探查”（crap detecting）（p. 1）。《作为颠覆活动的教学》对教育改革运动产生了戏剧性的影响，至今影响不衰。波斯曼和韦因加特纳还与莫兰（波斯曼的学生和同事）合编了《美国的语言》（*Language in America*，1969），其中波斯曼所撰写的一章题名为“意义的降格”（Demeaning of Meaning）的观点成为《娱乐至死》的核心主题：

> 考虑语义环境的生态时，我们必须想到所谓的传播革命。新传播媒介的发明使许多人能发声并拥有听众。实际上，如果没有这些传播媒介，没有人会听取他们的意见，他们实际上对公共问题的贡献就会很少。这些人中很多人是娱乐界人士，比如约翰尼·卡森（Johnny Carson）、休·唐斯（Hugh Downs）、乔伊·毕晓普（Joey Bishop）、大卫·萨斯坎德（David Susskind）、罗纳德·里根（Ronald Reagan）、芭芭拉·沃尔特斯（Barbara Walters）和乔·加拉吉奥拉（Joe Garagiola）。传播革命前，他们的公共言论局限于引用他人有学问的言论，否则他们根本就没有机会在公共场所发声。围绕不同事态的现状，报刊电台特别节目和黄金时段充斥着他们的言论，而他们根本就不能围绕他们的话题为公众提供明确的判断：比如毕晓普谈毒品的社会学涵义，卡森谈教育改革，里根谈普韦布洛号闯入朝鲜领海的危机，萨斯坎德谈其他任何议题，唐斯谈绝经（如他所言，“这是一个有争议

的话题”)。(p. 14)

波斯曼思想上接受生态的隐喻，1968年11月29日在米沃基召开的全国英语教师学会第58届年会上致辞时，他正式启用“媒介生态”一语。他的讲演题名《在彼此相关中成长》(Growing up Relevant)，是在“媒介生态：英语的未来”这一时段宣讲的。另一个宣讲人是佛蒙特大学的弗兰克·曼切尔(Frank Manchel)，其讲题是《明天的文化素养》(Tomorrow’s Literacy)。波斯曼这篇讲演的修订稿1970年收入欧里克(Alvin C. Eurich)编辑的文集《1980年的中学：美国中等教育的未来》(*High School 1980: The Shape of the Future in American Secondary Education*)，成为一章，题为《改革后的英语课程》(The Reformed English Curriculum)。他采用的“media ecology”不是描述性用语，而是一门新的学问，他建议以此取代高中英语(这是温和的建议，就我所知，未曾使任何英语教师失业)。他只把使用“media ecology”一语的功劳归自己。他说，“首先要说的是，这门学问不是我发明的，我仅仅是给他命名而已”(p. 161)。接着他宣告，大约十二位媒介环境学家已不在人世，特别举出哈罗德·伊尼斯、罗伯特·维纳、阿尔弗雷德·N. 怀特海、乔治·奥威尔、奥尔都斯·赫胥黎和乌托邦小说家爱德华·贝拉米。接着又说，至少还有二十位媒介环境学家在世，特别提出马歇尔·麦克卢汉、沃尔特·翁[1]、雅克·艾吕尔、巴克敏斯特·富勒[2]、彼得·F. 德

〔1〕沃尔特·翁(Walter Ong，1912—2003)，美国古典学者、传播理论家，媒介环境学第二代代表人物，代表作《口语文化与书面文化》。

〔2〕巴克敏斯特·富勒(Buckminster Fuller，1895—1983)，美国建筑学家、工程师、发明家、哲学家兼诗人，被认为是20世纪下半叶最有创见的思想家之一。

鲁克[1]、埃德蒙·卡彭特[2]、爱德华·霍尔、大卫·理斯曼[3]、哈罗德·拉斯韦尔[4]、赫尔曼·卡恩[5]、传播学家唐·法本（Don Fabun）和科幻小说家雷伊·布拉德伯里（Ray Bradbury）。更重要的人物还包括刘易斯·芒福德、埃里克·哈弗洛克、苏珊·朗格、伊丽莎白·爱森斯坦[6]和欧文·戈夫曼[7]。对波斯曼而言，媒介环境学是发展中的工程，总是由他心目中的伟大思想家和伟大著作主导。直至今天，“什么是媒介环境学”这个问题的最佳答案是，“谁”代表媒介环境学。

在起初的讨论中，波斯曼（1970）将媒介环境学界定为“作为环境的媒介研究”，旨在说明，其主要关注点是：

> 传播媒介如何影响人的感知、理解、感情和价值，我们与媒介的相互作用如何促进或阻碍我们的生存机会。其中的“生态”（ecology）一词蕴涵环境研究：环境的结构、内容及其对人的影响。（p. 161）

---

〔1〕 彼得·F. 德鲁克（Peter F. Drucker，1909—2005），美国企业管理顾问、教育家、作家，在管理教育中成就卓著。代表作有《经纪人的目的》《工业的未来》《美国未来 20 年》《公司的概念》等。

〔2〕 埃德蒙·卡彭特（Edmund Carpenter，1922—　），加拿大人类学家，麦克卢汉思想圈子的核心成员，传播学媒介环境学派第一代代表人物，20 世纪 50 年代与麦克卢汉共同主持跨学科研究小组，主办《探索》杂志。

〔3〕 大卫·理斯曼（David Riesman，1909—2002），美国社会学家，著有《孤独的人群》《人群中的面孔》《富裕为谁？》等。

〔4〕 哈罗德·拉斯韦尔（Harold Lasswell，1902—1978），美国政治学家、传播学家，提出了著名的“5W”传播模式，代表作有《世界历史上的宣传性传播》《世界大战中的宣传技巧》等。

〔5〕 赫尔曼·卡恩（Herman Kahn，1922—1983），美国未来学家，著有《公元 2000 年》《行将到来的事物》等。

〔6〕 伊丽莎白·爱森斯坦（Elisabeth Eisenstein，1898—1948）美国历史学家、传播学家，巨著《作为变革动因的印刷机：早期近代欧洲的历史》足以使她名垂青史。

〔7〕 欧文·戈夫曼（Erving Goffman，1922—1982），美国社会学家，符号互动论代表人物，拟剧论倡导者，著有《日常生活中的自我呈现》《公共场所的行为》等。

在这里，波斯曼还强调探究的概念，他将媒介环境学描绘为“探究的领域”，解释说，“探究领域蕴涵积极的知识追求、发现、探索、不确定性、变革、新问题、新方法、新术语、新定义”（Postman，1970，p. 163）。此外，正如提问的艺术是他探究法的核心一样，他解释说，他界定为媒介环境学家的学者都在问媒介环境学典型的问题。

> 比如，他们的问题与现在和未来相关，且多半与未来相关。这些问题还与我们的生存机会相关，涉及如何从精神上和情感上为媒介环境做好准备，因为大多数人不相信媒介环境，而我们又不能控制媒介环境。（p. 161）

对他而言，媒介环境学不只是理论、假设或哲学流派，还有重大的实用价值。媒介环境学没有成为中学教育的基础，但他在纽约大学创建了媒介环境学研究生教学计划，1970 年被校方接受，1971 年正式推行。“媒介环境学博士培养方案介绍”收入了他和韦因加特纳合著的《软性的革命》（1971，pp. 139—146），内有这样的邀请词：“各地的培养方案敬请复制”（p. 139），既反映了时代典型的开放态度，又反映了他的人格气质。媒介环境学被界定为“研究人们互动、讯息和讯息系统”的领域（p. 139），展现的是一种实践的形式。文中提及拉尔夫·内达[1]的消费者主张，尤其涉及汽车工业，这种主张得到年轻专业人士的支持，其诨名是内达突击手。

〔1〕 拉尔夫·内达（Ralph Nader，1934—　），美国律师，保护消费者利益运动的先锋。

波斯曼写道：

> 假定我们调动研究生的才干和精力，为我国建立对抗愚昧和庸医的第一道防线；假定我国每一所大学里都有对应内达突击手的斗士，他们接受的训练包含公共问题的系统调查，并将调查结果传达给尽可能多的受众；假定即使只能在一所大学里完成这样的培训；那会是什么样的局面呢？（Postman，Weingartner，1971，p. 139）

答案当然就是波斯曼携同特伦斯·莫兰创建的媒介环境学培养方案。他写道：

> 在教学计划的孕育、分娩、孵化和幼年期，我全程在场。从我的角度看，这个学科点的发展与其说是归因于精心谋划，不如说是因为刻意，甚至窃窃自喜摒弃理解人类传播的传统路子。我们致力于用自由流动的未知探索取代常规的课程建设，用教授和学生的探究学习共同体取代教授主导、教材取向的常态，师生都在理性和争论基础上进行独立的批判思维，而不是以权威和教条为依据。（Moran，2006，p. 16）

莫兰接着解释说："我们宁可选择思想高于意识形态，开放性高于正统性，合作高于竞争，个人探索高于集体思考。"（p. 19）媒介环境学的第一篇博士论文是克里斯琴·尼斯特洛姆（Christine Nystrom）的《媒介环境学初探：人类传播研究范式的整合》（Towards

A Science of Media Ecology: The Formulation of Integrated Conceptual Paradigms for the Study of Human Communication Systems，1973），她在论文里把媒介环境学描绘为一种“前瞻的、新兴的元学科（metadiscipline）……广义地界定为环境作为复杂传播系统的研究”，其关注点是“媒介、技术、技艺和过程与人的感情、思想、价值和行为相互作用”（p. 3）。毕业后，尼斯特洛姆加入媒介环境学教师队伍，常常与波斯曼合作教学。她写道，“除了语言本身，我相信，教学始终是尼尔首要的、最持久的激情投入”（2006，p. 23）；“在纽约大学从教六十年的时间里，我记得，他只休过一次学术假，即使那一年，他也不曾离开自己的学生和教室”（p. 24）。而且，她解释说，

> 尼尔完完全全以学生为中心，热爱充满无限好奇、通常难以预测、罕有逻辑却总是能改善的人类精神运行机制。对他而言，这是每堂课的主题——如何思维又如何改进思维，至少不再那么愚蠢。（p. 24）

莫兰写道，也许，最能说明他献身精神的是：

> 标志他荣誉学位的貂皮披肩和光彩的博士服挂在他办公室门背后，积满尘埃，纪念他著作获奖的镌有铭文的银杯和金笔送给顺道来访的客人，其信手随意，令人吃惊：“送你——喜欢吗？”然而，每当学术活动需要时，纽约大学做工粗糙、不值几文的奖牌却总要挂在胸前，因为那是杰出教学奖，虽然奖章的绶带都已经破旧起毛了。（p. 23）

波斯曼不看重许多学术地位的形式，也许这有助于解释，在谁首创“媒介环境”一语的问题上，竟然有如此之多的争论。如上文所示，这一术语首先在全国英语教师学会1968年的年会上印进了议程表，波斯曼在讲演时用上了这一术语。他说，他仅仅是给这个研究领域命名而已。此外，尼斯特洛姆在1973年的博士论文中写道，“在创新这个术语时……波斯曼指出，他不是在发明一个不存在领域，只不过给一些学者业已进行的探究取个名字而已……”（p. 112）。该术语印在上述会议议程上是在1968年，波斯曼在该会上的讲演词发表于1970年，此间，一份名为《电子时代中小学英语教学大纲：媒介环境路径》（English for An Electronic Age: A Media Ecology Approach K-12）打印稿出炉，由科罗拉多州丹佛市樱花溪学校印行，时间是1969年，编者是帕特丽夏·米克斯（Patricia Meeks），维吉尼亚·皮兰（Virginia Piland），卡伦·普里查德（Karen Prichard），简·里贝塞尔（Jane Riebesell）和伊丽莎白·斯克罗金（Elizabeth Scrogin），文件在教育资源信息中心归档。这个文件压根就不提波斯曼，虽然内容取自他那篇讲演词。20世纪90年代，我请他注意这一点，他记不清这个文件，但记得应邀担任该校顾问，这显然是他的思想和用语扩散的原因。与此相似，一篇署名雷蒙德·阿罗（Raymond Arlo）题为“Media Ecology”的文章刊布在1971年第三期的《激进软件》（*Radical Software*）上，这一杂志专注研究独立录像生产，彼时的新技术使便携式摄录机和独立录像带的生产成为可能。这篇文章闭口不提一个事实：阿罗是纽约大学新建的媒介环境学学科点的学生，师从波斯曼。在此，媒介环境学的起源和扩散又因被遮蔽而朦胧。可能是这样一种情况：波斯曼的弟子阿罗等人把“媒介环境”这一术语印进独立录像人圈子的时间比1971年第三期《激进软件》刊布那篇文章的时间早。同样，1970年第一期《激进软件》刊布的访谈也没有解释“媒介环境”的出处，那是贾德·雅库特（Jud Yalkut）对弗兰克·吉莱特（Frank Gillette）和伊拉·施奈德（Ira Schneider）的访谈。这样的扩散模式暗示，波斯曼对和他没有多少关联的录像艺术产生了重大的影响。

波斯曼本人也把水搅浑了。在录制《理解麦克卢汉》的光盘（Southam Interactive公司发行，1996）时，他把“media ecology”的源头归之于麦克卢汉。我向他求证，他的第一反应是告诉我，它源于麦克卢汉致克莱尔·布斯·卢斯（Claire Booth Luce）的信。《麦克卢汉书简》（*The Letters of Marshall McLuhan*，Molinaro，McLuhan，Toye，1987）里有这样一句话：“对电视使用的限制，无疑是媒介环境教学的一部分。”（p. 534）需要指出的是，我是第一个使他关注这封信的人，同时我告诉他，这封信的时间是1978年，距他那次大会致辞已过去十年。然后他又说，“media ecology”源自麦克卢汉的重要著作《理解媒介》（*Understanding Media*，1964）。

结果发现，《理解媒介》的光盘有一个完全可搜索的电子版，所以很容易就可以判定，“media ecology”根本就不在其中（而且“media environment”也不在其中）。我再一次向他汇报我的发现时，他大笑并坦承，想必是他创造了这个术语，将其归之于麦克卢汉只是想赋予它更有威望的血统。说实话我意识到，他根本就不把我打破砂锅问到底的兴趣当回事，因为他认为我的追溯太琐细、太学究气。可能，他刻意要挫败我准确判定“media ecology”起源的努力。和麦克卢汉一样，波斯曼爱搞笑，安德鲁·波斯曼（2003）在父亲葬礼上致悼词时讲了这样的故事：

> 我们的父亲乐善好施，无与伦比，他关心真不应该关心的事情。昔日我们全家外出休假通关时，他常常为后面那辆车付费——素不相识的人。收费员挥手让那辆幸运的汽车过关，他们与我们并行时，人人都斜着眼看过来，想弄清楚，他们在哪里认识这些神秘的施惠人。妹妹玛德琳、哥哥马克、母亲、父亲和我向他们微笑挥手，傻乎乎的，直到那辆车的人也挥手——意识到自己这番独特的经历，节省了50分钱。顺便说，我此刻正听见父亲问："自动通关的闸口是解决什么问题的答案呢？"他可能都会自问自答，这节省了你在收费站排队的时间。但和其他一切技术一样，这里有一场浮士德式的交易。自动通关后，你再也体会不到与人类同胞联系的乐趣了。

安德鲁在悼词里说，尼尔·波斯曼是例外，一般的规矩是，说任何东西独一无二都是错误的。因此，他对首创"media ecology"一语的功劳缺乏兴趣。波斯曼本人对这一争议起到了推波助澜的作用，至少混乱的根源就是寓于这一事实："media ecology"一语是麦克卢汉式的语言，像是麦克卢汉常用的那种表达，而且肯定是受到他启示的用语。此外，这个短语的创造以传统的方式和一个正规的出版物相联系，尤其和一种印刷文件相联系。有关其源头的争议扩大到口语源头，也许这又是我们当代后书面文化的反映。本质上，即使并非不可能，"media ecology"的源头也是难以追溯的。据我所知，对于谁首先说出"media ecology"，没有任何人有准确可靠的记忆，姑且不论这样的事实：他可能是不同人不止一次独立说出口的。在个人的交谈中，尼斯特洛姆和莫兰都回忆不起这个短语出现的时刻，虽然尼斯特洛姆告诉我，她感觉是波斯曼的学生先说出口的。埃里克·麦克卢汉也声称，他首先启用这一术语。如果没有其他因素考虑，情况似乎是清楚的："media ecology"是在1967—1968学年出现的。那一年，麦克卢汉在纽约市的福德姆大学执教，任阿尔伯特·施韦策讲座教授，陪同他的有埃德蒙·卡彭特和哈利·帕克（Harley Parker），还有东道主约翰·卡尔金（John Culkin）和托尼·史华兹（Tony Schwartz），他的儿子埃里克以及保罗·莱恩（Paul Ryan）担任其助手。莱恩后来成为录像艺术波塔帕克运动的先驱。此间，波斯曼常到布朗克斯去会见麦克卢汉。据波斯曼称，麦克卢汉建议他创建媒介环境学学科点，不过，这门学科的名字稍后才出现，莫兰（2006）记述道：

> 人的记忆并非总是准确的，我的最佳记忆是，1969或1970年初的一天下午，我们挑选"media ecology"作为这个学科点的名字……我们琢磨了几个名字，借以区分它和其他英语教育计划和传播教育计划。尼尔建议用"media ecology"，我们玩味它的隐喻涵义，检测它如何帮助我们进行媒介与文化的批判和创新意义的思维。显然，尼尔和我们都受到麦克卢汉的影响，他是我们的精神教父，我们教学计划的朋友。但我们又受到我们的语言学、语义学背景的影响，这个背景把麦克卢汉所理解的媒介环境放进更大的框架，尼尔和查理·韦因加特纳……将其称为"萨丕尔—沃尔夫—科日布斯基—艾姆斯—海森伯—维特根斯坦—麦克卢汉假说"。我们还受到我们文学理论背景的影

> 响，包括文本分析和读者反应的概念，这赋予我们理解传播的人文主义路径。（p. 18）

“媒介环境学”的选用固然给我们的学科点和研究领域一个独特的身份，同时又使我们的老师和学生遭到批评。波斯曼（2000）在讲演中说道：

> 创建这个学科点的初期，我们遭到很多人的嘲笑，有些嘲笑比较温和，有些嘲笑很伤人；人们嘲笑我们使用的术语“media ecology”。我想，反对这个术语的原因是，它太时髦，难免使人产生随大流的疑问；而且它用到生物学里使人感到舒服，但用到社会科学里则不会使人舒服，所以它应该待在生物学的圈子里。（p. 11）

波斯曼接着解释选用“媒介环境学”的原因，目的是要突显这样一个事实：我们的媒介，包括我们的技术、技艺、符号、编码和语言全部合起来构成一种环境，它像自然环境一样影响我们，即使并非更大程度地影响我们。我还应该指出，他并不是要说，这两种环境是完全分离的，因为它们在许多重要的方面相互作用、彼此交叠。他只是希望我们注意一个事实：媒介、技术和符号形式是我们的环境，就像地质、地理、大气和生物元素环绕我们一样。波斯曼（2000）还解释生态作为隐喻的增值作用：

> 我们对这门学科的第一个想法，受到一个生物学比喻的指引，或许你们会为此而感到吃惊。诸位记得自己初次接触皮氏

> 培养皿的情景吧，在那里，所谓媒介的定义就是培养基的一种物质（substance），能够使培养的微生物生长的一种物质。如果你用技术（technology）这个词来取代这种物质，这个定义就能够成为媒介环境学的一个基本原理：媒介是文化能够在其中生长的技术；换句话说，媒介能够使文化里的政治、社会组织和思维方式具有一定的形态。从这个理念开始，我们又用了另一个生物学比喻，生态学的比喻……在“媒介环境学”（media ecology）这个术语里，我们把“媒介”（media）放在“生态”（ecology）前面，意思是说，我们感兴趣的不仅是媒介，我们还想说，媒介与人互动的方式给文化赋予特性，或者不妨说，这样的互动有助于文化的象征性平衡。（pp. 10—11）

由此可见，姑且不论预测新媒介或技术引进时产生的影响，仅仅是理解这样的影响，我们也遭遇困难，而困难源自于一个事实，影响的性质是生态性的。波斯曼和韦因加特纳在《作为颠覆活动的教学》里作了这样的说明：

> 任何生态学家都可以告诉你问题的逻辑何在：环境的变化罕有是追加性的或线性的。你罕见旧环境加上一个新要素，比如印刷机或电插头这样的情况。你的环境是一个全新的环境，需要全套新的生存策略。新要素是技术时，肯定更是这样的情况。新环境迥然不同于旧环境的情况在政治社会生活中最为突出。你在墙上插入电插头时，有人像插头一样接入你身上，意思是说，你需要新的防卫、感知、理解和评价模式。你需要一

种新的教育。（p. 7）

还值得指出的是，波斯曼并非在生物学语境下使用“生态”一词的第一人。恩斯特·海克尔[1]在19世纪末首创“生态学”一语后不久，帕特里克·格迪斯[2]（1904，1915）就引进“人类生态”的概念，著名的芝加哥学派旋即采纳了这个概念，罗伯特·E. 帕克（Robert E. Park）、欧内斯特·W. 伯吉斯（Earness W. Burgess）和罗德里克·D. 麦肯锡（Roderick D. McKenzie）表现得尤其突出。以后的学者又用它来指社会生态和文化生态（Carey，1989； Hawley，1986；Novak，1995；Strate，2006a）。此外，生态学与系统论和系统观还有一点关系，战后兴起的这两个学科，20世纪60年代流行开来（Bateson，1972，1979；Bertalanffy，1969；Boulding，1956；Capra，1996；Laszlo，1972； Watzlawick，Bavelas，Jackson，1967；Watzlawick，Weakland，Fisch，1974），并对波斯曼如何思考媒介环境学产生了重大的影响（又见 Nystrom，1973）。1973年，在言语传播学会（现名全国传播学会）主旨讲演中，波斯曼用上系统的概念，以提供两种环境的共同点，一种环境是物理场所中的面对面交流的环境，另一种环境是技术传播和讯息储存的环境：

从生态视角看，内容分析被视为琐细的或不相关的。我们

〔1〕恩斯特·海克尔（Ernst Haeckel，1834—1919），德国哲学家、博物学家、动物学家，支持达尔文主义，提出生物发生律和突变律，著有《人类发展史》《生命的奇迹》等。

〔2〕帕特里克·格迪斯（Patrick Geddes，1854—1932），英国生物学家、社会学家、城市规划和区域规划理论先驱之一，深受达尔文主义影响，师从赫胥黎，从生物学和社会学观点提出新的城市规划学说，著有《城市发展》《演变中的城市》《性的演进》等。

> 认为重要的是语境，媒介生态在一定程度上具有方法论，可以称为内容分析的方法论。其隐含命题是，把传播环境视为系统中的系统。意思就是努力确认每个系统作为整体的重要特征，确认构成每个系统的子系统，以及每个系统运行其间的大系统，再加上所有系统之间的重要关系。使事情更加混乱的是，内容分析把个体与个体、个体与群体、文化与文化的互动作为其主题，并试图将其视为彼此的互用。而且，语境分析或媒介生态特别注意媒介在角色里的每一种互动，每一种互动都是通过媒介进行的。所谓“媒介”指的是，通过两种或两种以上的离散元在互动系统中连接起来的任何主体（agent）或自主力（agency）。因此，传播媒介包括电影、广播、电视和技艺之类的技术，它们由一套程序构成……比如，“操作条件反射”（operant conditioning）就是把行为A和行为B联系起来的媒介。亚里士多德逻辑把陈述A和陈述B联系起来。因此，从我们的观点看问题，技术或技艺是环境中的环境。（Postman, 2006, pp. 8—9）

波斯曼的语境分析包容了乔治·赫伯特·米德（George Herbert Mead, 1934）、休·达尔齐尔·邓肯（Hugh Dalziel Duncan, 1962, 1968）和欧文·戈夫曼（1959, 1961, 1963, 1967）的思想，又将这三家与以下的理论糅合起来：爱德华·霍尔和雷蒙德·伯德惠斯特尔（Raymond Birdwhistell）的文化分析（1959, 1966），格雷戈里·贝特森（1972, 1979）、保罗·瓦兹拉维克（Paul Watzlawick）及其同事（1967, 1974）的关系观。此外，他还继续在语言和语义上发力，强调从“语义环境派生而来的普通语义学”（Johnson，1946；Koryzybski，1993），如上文引述的“语义环境生态”（Postman，Weingartner，Moran，1969，p. 14）。这些线条合成波斯曼 1976 的著作《疯话，蠢话》（*Crazy Talk*，*Stupid Talk*）的基础。《疯话，蠢话》在一般读者和传播教育工作者里都很流行，是普通语义学传统的自修书，广泛讨论了语义环境概念：

> 语义环境首先包括人，其次含有目的，第三是话语达到目的的一般规则，第四是情境中实际说的话……因为人们扮演的角色林林总总，人的目的多种多样，所以语义环境就多种多样，每一种环境自有其规则，人们要遵守规则行事。科学是语义环境，政治、商务、战争、运动、宗教、做爱、法律制定等都是语义环境。每一种情境都是一种人的社会结构，人们在此做事，或对他人，或为他人，或与他人，或反对他人；也为自己做事，或对自己，或为自己，或与自己，或针对自己。我指的是赋予人们最重要交往行事的语义环境。此外，每一种语义环境里都有许多子环境，子环境加起来构成大环境。（p. 9）

《疯话，蠢话》大体上讲的是人际传播，不过，波斯曼用上了多种媒介的例子，以说明语言和意义问题。语义环境的概念和他在《娱乐至死》里对公共话语的关切没有直接的关系，因为公共话语构成一个语义环境，由许多专注于新闻、政治、宗教等事务的子环境组成。他分析传播的能力以及他对语言的热爱使他成为得心应手的公共讲演人，他擅长公共讲演。珍妮特·斯腾伯格（2006b）整理并发表了波斯曼对学生的另一场讲演。在此，他解释说，公共讲演是表演，表演者应该“在筹划和发表讲演时考虑语境和环境”。同时他强烈建议，讲演者要写下每一个字，并认真仔细地排练。他强调指出，“讲话稿要为耳朵写，不要为眼睛写”（p. 75）。这个观点还影响了他的写作。除了著书立说、讲演、教书，波斯曼还在1976年担任早川一会创办的《如此等等：普通语义学评论》（*ETC: A Review of General Semantics*，简称《如此等等》）的编辑，直到1986年。以编辑的身份，他推进普通语义学，拓宽其范围，发表了很多媒介环境学论文，他认为，这些论文可以视为普通语义学的放大版（见Postman，1974）。金卡雷利认为，波斯曼担任《如此等等》的编辑工作构成他学术生涯的重大转折（又见Lum，2006），巩固了他冉冉上升的公共知识分子的地位。

从几个方面来看，20世纪70年代末无疑是波斯曼的转折点。1979年，他出版《作为保存活动的教学》（*Teaching as A Conserving Activity*）。如书名所示，波斯曼的心绪有所变化，他回归早前的教育改革的立场。以前，在他与韦因加特纳合著的《作为颠覆活动的教学》里，他断定，学校需要变革以适应电视和电子媒介主导的新的文化环境。十年之后，他论断，年轻人在适应电视方面不需要任何帮助，而是需要传统教育提供的印刷文化取向的环境。他确认电视已成为教学计划的一部分，也是“美国从事的重大的教育事业的一部分”（p. 50）。他写道，儿童看电视的时间比上课的时间多。他确认电视教学以下突出的特征：注意力中心（而不是内容中心），非惩罚性（无负反馈），情感中心（而不是思想中心），以目前为中心（而不是以未来的奖赏为中心），形象中心（而不是语词中心），叙事中心，道德的，非分析的，非层级的，威权的，鄙视权威（非自己的权威的），时间连续的，空间隔离的，内容不连续的，立即且本质上令人满意的。

关于他在教学问题上立场的改变，波斯曼用控制论和系统论的观点来表现，主张“恒温器观点”（thermostatic view）：学校需要自我调节以恢复与文化的平衡。在20世纪60年代，文化适应新的电子媒介环境行动缓慢，所以需要强调变革。进入20世纪80年代，文化已充分浸淫在电子媒介里，所以学校需要在这一点上平衡，要保存正在迅速消逝的印刷文化。无论这在多大程度上意味着他立场的逆转，波斯曼始终坚持：学校要提供理解语言、符号形式和媒介的教学。他还在著作里用上了“信息环境”（information environment）这样的语词，同时又作了这样的描绘：

> 每一个社会都是由某些传播样式和模式凝聚起来的，这些传播模式决定社会的样子。你可以称之为信息系统、编码、讯息网络或传播媒介。它们加在一起设定和维持文化里思维和学习的参数。正如物理环境决定食物源头和劳动会是什么一样，信息环境指示思想、社会态度、知识定义和智力将要出现的特定方向。（p. 29）

接着，波斯曼提出基于媒介环境学路径的媒介教育，将其作为他所认定的问题的解决办法。他对这个概念的解释成为一座桥梁，连接他早前对语义环境的讨论与新近对媒介和技术的强调：

> 媒介环境学是对信息环境的研究。其关怀是，理解传播技术和技艺如何控制信息的形式、数量、速度、分布和方向；反过来，这样的信息形貌或偏向又如何影响人的感知、价值和态度。因此，媒介环境学超越几种业已被广泛接受的学科，比如心理学和社会学，因为它设想，在很大程度上，人的心理及其社会组织方法是文化典型的信息模式的产物……诸如字母表、印刷词和电视形象之类的信息形式不仅是使事情更容易、更单纯的工具，它们还是环境——像语言、符号环境一样的环境；在这样的环境里，我们用具体的方式发现、塑造和表达自己的人性。（p. 186）

《作为保存活动的教学》问世以后，波斯曼成为电视和电子媒介的先锋批评家，他越来越频繁地上电视，发表对媒介的人文主义批评，批评媒介对人的事务的冲击。在接着的《童年的消逝》里，他指出，电视揭开了以前对儿童保密的东西；他认为，由于揭示一切，电视模糊了印刷文化中典型的童年概念和成年概念。由此产生的倾向不仅把儿童视为小大人，而且使成年人的行为带上幼稚的色彩。《作为保存活动的教学》隐约表现电视和印刷文化的反差，即传统的课堂是印刷文化的制度化，而《童年的消逝》展示了波斯曼对印刷时代和电视时代最全面的对比。这本书赢得满堂喝彩，却因《娱乐至死》的问世而被遮蔽，而《娱乐至死》也成为他最受欢迎、影响最大的书。他再论“疯话和蠢话”，认为：搬上电视以后，新闻、政治、宗教和教育之类严肃的主题就被委琐化，电视的偏向喜欢娱乐形式，注重的是形象和即时性。诸如在与尼斯特洛姆、韦因加特纳和我合著的《神话，人与啤酒》(*Myths*, *Men*, *and Beer*, 1987)里，波斯曼维持了直言不讳的电视批评家的形象，这本书反对啤酒广告。1988年，纽约州咨询委员会的一位委员认为，摄像机进法庭是一种革新，但他予以指责，反对把摄像机带进法庭。波斯曼和电视新闻记者史蒂夫·鲍威尔斯(Steve Powers)合著的《如何看电视新闻》(*How to Watch TV News*, 1992，由鲍威尔斯修订的第二版于2008年出版)揭开了电视新闻的神秘面纱。

波斯曼一些最出色的文章被收录进他的一部文集《认真的反对：给语言、技术和教育找麻烦》(*Consciousness Objections: Stirring up Trouble about Language*, *Technology*, *and Education*, 1988)。其中第一章是《娱乐至死》的概要，另一章以《童年的消逝》为基础。在文集的序言里，他表达了这样一个观点："抱怨是有趣散文之源"，并解释说，"如果没有抱怨，作家就宛若司仪神父，固然宜人，却在重复"(p. xi)。但并非所有的抱怨都价值同等，所以他修正自己的立场说，"除非自己的抱怨植根在对国家的责任感中，或植根于一望而知的人文传统中，否则它们就不值得认真的注意"(p. xvi)。波斯曼抱怨的依据是他在启蒙运动理想里发现的人文传统。他的态度还受到20世纪哲学家卡尔·波普尔(1989, 2002, 2003)的影响，波普尔认为，科学理论和假设不可能被证伪，因为总是有可能在将来发现一个能证伪的例子。因此，科学知识通过证伪而进步，通过消除被证明不真实的东西而进步。沿着同样的思路，知识和人生通常是通过批评前进的，换言之，是通过识别和消除错误进步的。波普尔的影响因波斯曼与老同事亨利·珀金森(Henry Perkinson)的友谊而得到强化。珀金森是教育史教授，其著作扎根于波普尔哲学。珀金森（1991，1995，1996）写了几部论媒介与文化的书，回应波斯曼的论述。

《认真的反对》（1988）收录的第一篇文章《作为道德神学的社会科学》（Social Science as Moral Theology）批评社会研究和心理研究对量化研究和经验研究的强调；进入20世纪80年代以后，这样的研究仍然占据主导地位，甚至侵入人文学科。这样的批评成为波斯曼媒介环境学研究最重要的论断。文章起笔就提出两个关键问题："什么是社会科学研究的合法形式？""什么是社会科学研究的目的？"（p. 5）回答第一个问题时，他批判这样一个观点：社会科学事实上是科学的。他反驳说，社会科学是一种讲故事的形式。他的结论是："第一个问题的答案是，抗拒伪科学的诱惑、拥抱社会神话创造者和叙事者的角色，媒介环境学者就可以无可限量地丰富我们的研究领域。"（p. 17）文章的题名赋予第二个问题的答案。他争辩说，社会科学真正要论述的至少应该是道德神学，目标是："为人类的理解和体面作出贡献。"（p. 17）兹将波斯曼这篇文章结尾的文字抄录如下：

> 社会研究的目的是重新发现社会生活的真理；是评论或批评人们的道德行为；最后一个目的是推出一些隐喻、形象和思想，以帮助人们在生活中获得一些理解和尊严。尤为重要者，媒介环境学的目的是讲述技术的故事，告诉人们，媒介环境如何产生思维方式和组织社会生活的语境，这些语境可能会改变我们，而这些语境还可使我们变得更好或更糟、更聪明或更愚蠢、更自由或更受奴役。我觉得可以肯定的是，读者会原谅我

> 的一丝偏颇，我说：媒介环境学者讲述的故事比其他学者讲述的故事更重要，因为传播技术形塑人们生活的威力不容易进入人们意识的前列——在我们生活的时代里，无论喜欢与否，我们已经把严苛的主权让渡给新媒介。因此，为了人类生存的利益，我们有义务讲述什么天堂能得到、什么天堂会失去的故事。我们不是率先讲这种故事的人，但除非我们的故事听来是真实可靠的，我们就可能是最后一批讲故事的人。（pp. 18—19）

在《技术垄断》里，波斯曼的重点从具体的技术，比如电视，转向技术革新本身。他认为，新技术的引进总是产生预料不到的广泛的后果，以呼应他之前就媒介环境学展开的讨论：

> 技术变革不是数量上增减损益的变革，而是整体的生态变革。我所谓的生态就是环境科学家所谓的生态。重要的变化会牵一发而动全身。你把毛毛虫从它栖息的环境里清除掉时，剩下的环境并不是单纯减去毛毛虫的环境：你得到的是一个新环境，你重新构建了生存的条件；同理，你把毛毛虫放进一个没有毛毛虫的环境时，整个环境也为之一变。媒介环境运行的机制也是这样的。一种新技术并不是什么东西的增减损益，它改变一切。在 1500 年，即印刷机发明之后 50 年，欧洲并不是旧欧洲和印刷机简单的相加。那时的欧洲已截然不同。电视问世之后的美国不只是美国加电视的美国；电视给每一场政治运动涂抹了一种新的颜色，使每个家庭、每所学校、每个教会、每种产业都带上了新的色彩。媒介的竞争之所以激烈，其道理就

> 在这里。每一种技术都有一套制度，这些制度的组织结构反映了该技术促进的世界观，其生存竞争所反映的世界观的竞争就更不用说了。因此，一种新技术向一种旧技术发起攻击时，围绕旧技术的制度就受到威胁。制度受威胁时，文化就处在危机之中。（p. 18）

我们的文化中罕有对采用新技术的刹车机制，新技术预料不到的有害的效应因此而加剧。波斯曼把我们的文化称为技术垄断文化，将其与工具使用文化（tool-using culture）进行对比。在工具使用文化里，技术受限制，严格限于实用目的，传统占据支配地位。在技术统治文化（technocratic culture）里，技术使用本身就是目的，并占统治地位，对进步的信仰支配文化，不过，许多文化制度不受影响，平衡依然存在。然而，在技术垄断文化里，技术垄断了文化，没有任何文化制度不受技术指令的影响。波斯曼论证，美国文化就是技术垄断文化，对计算机和互联网之类的信息技术带来的信息超载，没有提供如何防卫机制。虽然他主张三思技术所产生的预料之外的消极后果，主张维护价值、伦理和社会制度而不受技术指令的影响，但有些人还是给他贴上新勒德分子[1]的标签。而且，虽然他把技术硬件作为论述的主题，但他也从未忽视语言软件极为重要的意义。他类似的批评以讲演和短文的形式发表。一篇题名《信息至死》（*Informing Ourselves to Death*，Postman，1990），在互联网上广泛流传，颇有讽刺意味；类似的短文有《网络空间，非网络空间》

[1] 勒德分子（Luddite），19世纪英国工业革命时期，因泄愤而怒砸机器的失业工人。

（Cyberspace，Shmyberspace，1996）。

在最后两本重要的著作里，波斯曼把研究重点从媒介与技术转向更广阔的文化问题。在《教育的终结》里，他探讨我们共同文化和共享信念的衰减，他诊断这是媒介与技术带来的症状。他认为，在这样的情况下，公共教育不可能维持其活力或生命力。在这里，他明白宣示对启蒙时代理性主义和美国信条的忠诚。同时他还确认这个事实：平克·弗罗伊德摇滚乐队（Pink Floyd）的罗杰·沃尔特斯（Roger Waters）1992 年发行名为《乐极至死》（Amused to Death）的唱片：

> 读者应该知道，罗杰·沃尔特斯曾经是平克·弗罗伊德摇滚乐队的主唱，他受我一本书的影响，录制了一张唱盘《乐极至死》。这大大提升了我在本科生里的声望，使我难以批驳他或他那种音乐。我也没有其他任何理由批驳他。但是，和欣赏肖邦练习曲相比，欣赏罗杰·沃尔特斯所需的感悟水平既有所不同，又比较低。（p. 167）

安德鲁·波斯曼（2003）在他父亲的葬礼上致悼词时指出，他父亲的音乐品位奔向“大乐队时代”（Big Band Era），“平克·弗罗伊德乐队的创建人罗杰·沃尔特斯向我父亲最著名的《娱乐至死》致敬时，恐怕这一荣誉在我父亲身上完全白费了”。撇开个人品位不谈，波斯曼关心的范围远远超过了当代文化。在《教育的终结》里，他再次将媒介环境学作为教育制度的基础，特别主张，定义、问题和隐喻构成“三个最有力的要素，这就是人类语言建构世界观的三要素”。（p. 175）波斯曼最后呼吁创建技术教育的基础，提出以下十条原理：

（1）一切技术变革都是浮士德式的交易。一种新技术的每一个长处总是有一个相应的短处。

（2）新技术的利弊从来不会在所有的人身上平均分布，就是说新技术使一些人获利，一些人受害。

（3）每一种技术里都内嵌着一个或两三个强大的思想。像语言一样，技术预先就决定我们喜爱和珍视某些视角和成就，并把其他技术置于次要地位。每一种技术都有一种哲学理念，其表现形式为：技术如何使我们用脑子，使我们用身子做什么，如何给世界编码，把我们的哪一种感官放大，我们的哪一种情绪倾向和思想倾向被弃之不顾。

（4）一种新技术往往挑战一种旧技术。新技术在时间、注意力、金钱、威望和“世界观”上向旧技术发起攻击。

（5）技术变革不是叠加性的，而是生态性的。一种新技术并非仅仅是追加什么东西，而是改变一切。

（6）因为信息的编码是符号的形式，所以不同的技术就有不同的思想和情绪偏向。

（7）因为获取技术信息的容易程度和速度不一样，所以不同的技术就有不同的政治偏向。

（8）因为有不同的物质形式，所以不同的技术就有不同的感知偏向。

（9）因为我们所关注的技术的情况不一样，所以不同的技术就有不同的社会偏向。

（10）因为技术的内部结构和经济结构不一样，所以不同的技术就有不同的内容偏向。（pp. 192—193）

1999年，波斯曼响应克林顿总统构建通向21世纪的桥梁的号召，出版了《修建通向18世纪的桥梁》。他主张，我们进入新千年时要随身携带启蒙运动的理性，这是印刷文化的产物。在这里，他再次坚定地主张，理解语言、媒介和技术大大地有助于我们解决社会弊端。关于媒介和变革，他突出了以下六个问题：

（1）这一技术解决什么问题？（p. 42）

（2）这是谁的问题？

（3）什么人、什么制度可能会受到这一技术解决办法最严重的伤害？（p. 45）

（4）解决这个问题可能会造成什么新问题？（p. 48）

（5）由于技术变革，什么人、什么制度可能会获得特殊的经济政治权力？（p. 50）

（6）新技术给语言带来什么样的变化，这样的变化有何得失？（p. 53）

波斯曼特别喜欢用简明的方式表达第一个问题：这个解决办法针对什么问题？他指出，这个问题常常没有一清二楚的答案，且或者它只是一个鸡毛蒜皮的问题，或者是已经解决的问题。缺乏信息的问题常常就是这样的问题，结果，继续处理这个问题的努力就导致信息超载。他反对“一种给定技术能为我们做什么”的言论，而是反问：它解决什么问题？

1990 年，波斯曼出任纽约大学文化与技术系的系主任。1991 年是他的学术休假年，他到哈佛大学约翰·F. 肯尼迪政治学院任劳伦斯·仑巴德新闻和公共政策访问教授。1990 年，他晋升纽约大学教授；1998 年，他获媒介环境学宝莲·高黛讲座教授奖。2002 年，他确诊患癌，旋即辞去系主任职务，却从未正式退休。2003 年 10 月 5 日，波斯曼去世。不久，他三十多年前创办的媒介环境学学科点停办。然而，包括我在内的他的五个学生 1998 年 9 月 4 日创建的媒介环境学会继续活跃至今。在媒介环境学会成立大会上作主旨讲演时，他总结说：“依我的理解，媒介环境学的全部重要命题是，它要推进我们的洞见；我们何以为人，我们在人生路途中的道德关怀上做得怎么样。”（Postman，2000，p. 16）他讲演时开宗明义地指出，他无意将其提出的媒介环境学的观点强加于人。他鼓励学生独立思考。他的率直清楚表现在他与卡米尔·帕格利亚（Camille Paglia）的“辩论”（载《哈泼斯杂志》）中，对话结束时，两人都和蔼可亲，意见的一致大大超过任何人的预期（Postman，Paglia，1991）。然而，他严厉批评许多学术著作含糊不清的表达、对陈词滥调的倚重、叠床架屋的句子结构和其他语病。回顾自己的学术生涯时，他最后说，

> 如果做学问的人要说的事情有情趣或有用，我认为其就有义务对公民同胞说话，当然也要用使人感兴趣的方式说话。可惜的是，我认识的许多有才华的学者——他们的确有饶有趣味的话对公民同胞说，但他们习惯的写作方式——用莎士比

亚的话说——就是没有谁的耳朵能忍受的方式。（Gencarelli, Borisoff, Chesebro, Drucker, Hahn, Postman, 2001, p. 134）

波斯曼的批评常伴有他特有的幽默。这样的幽默鲜明地表现在我们一次研讨会的电子邮件节目单上，那是1997年为媒介环境学设置的讨论题，时间在媒介环境学会成立前夜。他的同事尼斯特洛姆让他看节目单，大多数参与者都是他的学生。尼斯特洛姆让他看前几个月的帖子，包括她自己的帖子。接着，波斯曼借用她的账号发出下面这个帖子：

这是麦克卢汉的鬼魂对你们说话。我不必告诉你们，我来自什么世界。我借用尼斯特洛姆的账号发帖子，以便送达你们。我只把我要说的话说一遍。你们不可能再听见我说话，除非你们愚不可及地坚持到底。

“书籍”一词对你们有什么意思吗？你们有那么多时间浪费在这台地狱般的机器上吗？？？你们积累了很多智慧，不需要再阅读思考和写作的最佳文字吗？这是你们尊崇我的朋友和弟子尼尔·波斯曼的工作和生活的方式吗？你们有人真的知道如何拼写吗？

我读完了你们那些白痴的文字。现在你们听着这条金科玉律：每一种媒介被推向极端都逆转为其对立面，知道吗？因此，书面词是我们一切心智的源头，但如果它被以非神圣的方式使用，就会成为表达一切愚蠢思想和行为的媒介。你们已经充分表现出这样的愚蠢。我说，这就够了。

我现在必须回到我来的地方。你们要记住犹太人不守律法的遭遇。

鬼魂（Nystrom，1997）留字

如我上文所言，波斯曼喜欢开玩笑。安德鲁·波斯曼（2005）举了一个例子：

1986 年，《娱乐至死》出版不久，开始激起波澜，我父亲上了美国广播公司的《夜线》（*Nightline*）节目，与泰德·科佩尔谈电视对社会的影响，即电视控制我们，抑或是反过来我们控制电视。我记得，为了说明一个观点：我们短暂的注意力持续时间、我们对好内容的欲望可能会使有意义的话语短路。我父亲说："举例说吧，泰德，我们现在讨论文化的重要意义，但三秒钟后，我们就不得不停下来插播汽车广告或牙膏广告。"

科佩尔，这位网络电视上罕有的严肃主持人，他苦笑了——抑或是疲惫了呢？

他说："波斯曼博士，确实，更像是十秒钟吧。"（pp. xv—xvi）

2003 年 7 月 14 日，距他去世不到三个月，有线电视喜剧中心频道的《每日秀》（*Daily Show*）播出了一个片段，由喜剧演员罗伯·考德瑞就技术问题采访波斯曼。波斯曼愿意扮演直男的角色，回应考德瑞荒唐的问题和评论，但他在临近结束时还是摆脱了考德瑞逼人的锋芒。考德瑞穷追猛打一个卖点，说他在一家零售店看到一台会说话的吐司面包机，逼波斯曼回答："你站在哪一边？"波斯曼脱口而出："我没有站在吐司机边上啊。"这完美地表现了他人文主义的立场，他要我们思考如何在日益技术化的世界里保持自己的人文修养。他不用电子邮件，而是用签字笔在黄色便笺纸上写书，但他绝不是有些人描绘的那种勒德分子。他看电视（否则他怎么能如此精明地批评电视媒介呢？），尤其喜欢看运动节目，他欣赏传真机的革新。也许，描绘他的最佳用语是他《技术垄断》（p. 181）最后一章所用的题名"爱心斗士"。

波斯曼作为学者、教师和公共知识分子的贡献丰富了许多研究领域，包括语义学、语言学、传播学、媒介研究、新闻学、教育学、心理学、英语研究、文化研究、哲学、历史、社会学、政治学、宗教研究和技术研究等。

几年前，我和他谈起知识分子和学者的文风，他用几个字概括自己在语言问题上的立场："清晰即勇气。"（Clarity is courage.）此前，我把他描绘为"语词捍卫者"（Strate，1994，2003），因为他呕心沥血捍卫语词，防止因语言的滥用和误用导致的内部威胁，防止技术驱力把世间万象都简约为数量。也许，描绘他的终极最佳语词是：他首先是研究媒介环境的学者，而他自己就喜欢自称为媒介环境学者。

第三章　作为学术活动的媒介环境学

尼尔·波斯曼1968年正式提出媒介环境研究领域，他的《娱乐至死》成为该领域引用率最高的著作之一，与马歇尔·麦克卢汉的《理解媒介》、沃尔特·翁的《口语文化与书面文化》（*Orality and Literacy*，1982）并列。在《回声与反思：论媒介环境学》（*Echoes and Reflections: On Media Ecology as A Field of Study*，Strate，2006a）里，我试图对媒介环境学这一学问作一全面巡礼（亦见Lum，2006；Strate，2011），在此，我不能也不必赘述。我仅对这个研究领域作几点归纳，以帮助读者理解波斯曼的视角和路径。

第一，作为一个研究领域，媒介环境学是开放的系统。这里研究的课题和该领域之外的地域没有明显的疆界。显然，媒介研究是该领域的核心，但"媒介"一词可以非常宽泛地界定，稍后我就予以阐述。媒介环境学以传播研究为中心，却又不囿于传播研究，比如，媒介环境学很感兴趣的技术历史和技术哲学课题就处在传播研究领域的边界之外。媒介环境学是大跨度的跨学科研究，它维持了与文学和文化研究、艺术史、音乐学、哲学、神学、史学、人类学和社会学、政治学、经济学、心理学、计算机和信息科学、生物学甚至物理学的紧密关系。实际上，没有任何学科被完全排除在媒介环境学的研究范围之外。媒介环境学的开放系统研究路径和其固有的生态观是一致的。

第二，媒介环境学没有清晰而独特的源点。波斯曼（1968）没有声称他自己发明了这个领域，也没有认定其他任何人是创建人，没有像社会学鼻祖奥古斯特·孔德[1]那样的创建人。媒介环境学不是心理分析那种传统意义上的学派，心理分析的奠基人是西格蒙德·弗洛伊德（Sigmund Freud），追随者有卡尔·荣格（Carl Jung）、奥托·兰克（Otto Rank）和阿尔弗雷德·阿德勒（Alfred Adler）。有时，人们提及多伦多学派，那主要是指麦克卢汉的影响。虽然多伦多无疑是媒介环境学的一个中心，但圣路易斯城和纽约市也是这样的中心。“无形学苑”（invisible colleges）的名号用来描绘媒介环境学者的关系更妥当（他们的研究课题是媒介、符号和技术的无形环境），这个称谓胜过任何地理的象征名号。有时，柏拉图的《斐德罗篇》（*Phaedrus*，1973）被指认为媒介环境学的第一个例子，虽然评说和批评文字发明只占《柏拉图对话录》的很小一部分。波斯曼（1985）又暗示，《摩西十诫》（*Ten Commandments of Moses*）可以被视为媒介环境学的一个更早的实例（亦见 Strate，2011）。然而总体上，这个研究领域是 20 世纪的现象，始于许多分离的探究路径：语言和符号通信，艺术和感知，文化和传播，口语文化和书面文化，文字史和印刷史，电子和视听媒介研究，控制论和信息论，技术、技艺和技术社会研究。综合这些线索的努力始于 20 世纪 50 年代的多伦多大学，麦克卢汉和卡彭特印行了九期跨学科的《探索》（*Explorations*）丛刊，促成了麦克卢汉的两部名著《谷登堡星汉》

---

〔1〕 奥古斯特·孔德（Auguste Comte，1798—1857），法国实证主义哲学家，社会学奠基人之一。

（*The Gutenberg Galaxy*，1962）和《理解媒介》。接着是波斯曼正式开拓这个研究领域的努力（1968，1970）：1970年，他创建媒介环境学博士点，出版了文化批评的著作《娱乐至死》和《技术垄断》。其他学者也完成了自己的综合研究（如：Bolter，Grusin，1999；Kuhns，1971；Meyrowitz，1985；Nystrom，1973；Ong，1967，1982）。1998年，媒介环境学会成立，并于2002年推出会刊《媒介环境学探索》（*Explorations in Media Ecology*），这是媒介环境学建设的一个转折点。接着，林文刚（2006）编撰的《媒介环境学：思想沿革与多维视野》（*The Media Ecology Tradition: Perspectives on Culture*，*Technology*，*and Communication*）、我的《回声与反思：论媒介环境学》和《普通语义学和媒介环境学论集》（Strate，2011）相继问世。

第三，媒介环境学与詹姆斯·W. 凯利（James W. Carey，1989，1997）所谓的美国文化研究密切相关，和卡米尔·帕格利亚（2000）确认的北美精神传统也密切相关。欧洲学者对这个领域作出了重要的贡献，但该领域大量的兴趣和工作还是来自于美国和加拿大。因为这个研究领域没有单一的鼻祖或源点，所以它最好被视为一个相对去中心化的网络，虽然波斯曼和麦克卢汉的著作无疑最接近这个网络的中心。在这个领域的发展历程中，学科并没有普遍确认或采用的名字，其学术积累常常是基于引证的网络，引用的常常是著作而不是论文——波斯曼的媒介环境学研究生培养计划采用的是“伟大著作”的研究路径。

第四，在媒介环境学领域里，关键词“媒介”比在其他任何地方都宽泛。在通俗用法中，“媒介”往往仅仅指大众媒介甚至特指新闻媒体。在传播学领域，“媒介”传统上仅限于电视、广播、电影、杂志和图书之类的大众媒介，往往排斥电报电话以及书信、笔记和备忘录之类多半被用于点对点传播的媒介，因此常用于人际传播、群体传播和组织传播。在大众传播的历史中，点对点（point-to–point）的传播多半被认为在其疆界之外。人际传播领域往往集中在面对面传播，也称为无中介传播。在媒介环境学里，如此严格和任意的边界是不存在的，它注重的是技术，而不是内容或具体应用。比如，电报开启了远程即时通信的可能性，至于电报发送的讯息是私人接收的电报抑或是大发行量报纸的报道，那是意义次要的问题。这至少是麦克卢汉警语“媒介即讯息”（The medium is the message.），的一部分讯息（Strate，2008a），而波斯曼（1985）将其修正为“媒介即隐喻”（The medium is the metaphor.）。遵循麦克卢汉的媒介环境学路径，加里·冈珀特（Gary Gumpert）和罗伯特·凯斯卡特（Robert Cathcart，1979，1982，1986）率先开始有中介的人际传播探索。自 20 世纪 80 年代以来，对新媒介增长的关注把大众传播和人际传播的划分的不足突显出来，因为新媒介和近年的社交媒介发挥着这两种功能，同时，多对多（many–to–many）传播达到史无前例的水平。一方面，其他研究路径苦苦挣扎以调整自己的取向，另一方面，媒介环境学的思想传统却证明特别适合新媒介研究（Levinson，1999；Strate，2012a；Strate，Jacobson，Gibson，1996，2003）。

在传播学及其相关学科中，学者常给人这样的印象：19 世纪前不存在媒介，只是漫不经心地确认谷登堡 15 世纪的印刷机发明是媒介。相反，媒介环境学考虑的是人类的整个传播史。这包括印刷术、手稿文化和手抄书文化的历史，文字和书写媒介的历史，数字和其他符号形式的发明，以及诗歌、谚语和歌曲之类的传统口语形式及其技法，比如记忆术、套语、节奏和韵律——这一切传统口语形式和技法都可以被视为口语媒介（Strate，2012b）。口语本身可以被视为媒介，一般的语言和特定的语言也可以被视为媒介（Carpenter，1960），甚至感觉器官、神经系统和人体都可以被当作媒介来研究，我们通过它们与环境建立联系。

媒介可以被理解为一种语境。在这个意义上，媒介可以采取面对面情境的形式，比如教室、办公室、家庭（Goffman，1959，1961，1963，1967）。情境的物理属性，比如桌椅的摆放，以不同的方式提供互动的结构。比如，传统的教室设置使学生的互动最小化，使注意力直接指向讲台和老师，而围成一圈的椅子促成更平等的大量互动，围绕一张大桌就座的安排使交流的正式性大大增加（Hall，1966）。除了情境的物理属性外，我们确立的关系也可以理解为建立交流，比如，师生关系的建立可作为一种媒介，进一步的交流通过这一媒介发生，它以某些方式建立互动，师生互动的方式与亲子互动的方式不同，与主管和员工互动的方式也不同。保罗·瓦兹拉维克及其同事（Watzlawick，Bavelas，Jackson，1967）区分传播的内容和关系层次，这个关系层次与内容和媒介层次平行。在这个意义上，师生关系构成一种媒介，教育内容可以在此分享。瓦兹拉维克等人对关系的理解建立在系统论的基础上，因此我们可以这样理解：系统、关系和媒介本质上是近义词（Strate，2011）

符号系统、编码或语言可以理解为媒介，同理，并未清楚系统化的符号形式，包括形象或图标、风格和一般的艺术，也可以理解为媒介。形式和内容的区别类似于媒介和内容的区别，自然，最广义的形式概念也可以纳入媒介的范畴，其好处是，媒介比形式提供了更多的物质基础。形式与模式意义相近、关系密切，提醒我们注意，媒介不只是传播的物质性，还包括不那么可触知的媒介现象或方法现象。换一种说法，“媒介”一词既代表技术又代表技艺；技艺对应的是代码，比如字母表，对应艺术风格之类的形式元素，以及微积分、经验主义和装配线之类的方法。在媒介环境学领域，媒介可以指各种类型的人类革新，而不仅仅指用于传播的革新，虽然传播的功能常常被强调。

在传播领域，“媒介”的概念常被视为与“频道”同义，频道是一个线性的隐喻，把传播视为一种运输或传输形式、一条收发讯息的管道（Shannon，Weaver，1949）。在一些特殊的案例中，这个观点行得通，但一般地说，媒介环境学者都拒绝这个模式（Carey，1989；Ong，1982；Schwartz，1974）。就其最基本的意义而言，媒介指的是中介，即联系元素的东西。线性频道或管道符合中介的定义，环绕或渗透的物质即环境也符合中介的定义。在互联网时代，这或许更容易理解，因为这个去中心化的网络遮蔽了以前更线性的传播形式。运输模式还呈现了后起的“管道”或“媒介”一语的含义，这个模式始于为讯息提供结构的信源人，然后由信源人挑选媒介向收信人发送讯息。然而实际上，媒介必须首先登场。信源人编码讯息前，编码讯息的媒介必须存在，编码的媒介有语言或符号系统、原材料以及方法，比如书写的纸、笔和书法或者电力、计算机以及使用键盘的能力。

麦克卢汉（1964）把媒介描绘为人的延伸，芒福德（1967，1970）则强调技术作为容器的作用，这一作用更符合环境作为媒介的理解。然而，媒介作为延伸的概念并非和媒介作为容器的概念不一致，因为使我们延伸进入环境的东西必然介于我们和环境之间，而这个中介就成了我们新的环境。这适用于技术的物质属性，适用于作为认识论的媒介（Postman，1985），是我们获取世界信息、认识和理解环境的方式。作为感官的延伸，媒介影响我们接收环境信息的方式；在这个意义上，媒介是社会建构，构成我们建构现实的材料和方法。媒介作为环境的两个方面，即物理的和现象的两个方面并非完全相异，它们相互作用，我们根据自己经过媒介对环境的感知作用于世界。

在媒介环境学领域，"媒介"未必是传播技术，这是因为我们采用的一切技术形式、一切技艺方法、一切手段和方法都是我们理解环境、与环境关联和作用于环境的方式。况且，作为自然环境的媒介和作为人造环境的媒介之间并没有僵死的分界线，除非我们希望硬画一条线。工具使用并非人类独有，复杂交流系统也并非人类独有，这并不是要否定我们人类特色鲜明的品质，只不过是要指出"媒介"一词更广泛的意蕴。简言之，作为环境的宇宙可以被视为媒介，也有它独特的属性。在小一点的尺度上，生命是从一个具体的媒介或环境里涌现出来的，进化过程就是适应媒介或环境的过程。但有机体不仅要适应环境，还要对环境施加影响，即使没有其他原因，仅因它们的存在，通过代谢和繁衍，它们就能影响环境。不仅我们人类以这样的方式演化，我们的环境和生态系统也以这样的方式演化。通过媒介这一范畴，这样的理解为生物界和技术界提供了共同的基础，有助于驱逐"技术决定论"那种稻草人式的论证（见 Strate，2012c）。我们需要的媒介概念的最后一个要点是：媒介不应该被理解为一个物件，而是一个中介过程、一种关联或关系（Strate，2011）。

此刻我得承认，波斯曼并不过分关心媒介的具体定义，不过，他还是在《娱乐至死》里进行了简要的探讨，他把技术与媒介的关系比喻为大脑和心灵的关系，意思是说，技术只不过是机器而已，媒介则是机器造成的“社会思想环境”（p. 84），因为媒介与编码和社会背景相联，与政治语境结合。这和他早期著作对语言和语义的强调是一致的，但我相信，他纳入这些言论的主要原因是在回应（并希望预防）对他媒介环境学路径的批评，《童年的消逝》曾遭到这样的批评。区分技术和媒介以后，他接着说，“每一种技术都有其偏向”，都有“自己的议程”（p. 84），所以，作为技术的电视的固有偏向使之被用来娱乐。有人会觉得，这样的划分有用，技术应该被理解为切出一块领地一种方式，这和包含技术概念的媒介定义有所不同。就我而言，我不觉得有必要作这样的区分，我偏爱更包容的媒介概念，波斯曼本人在其他地方也坚持涵盖面更广的概念。

大体了解媒介环境学以后，就可以考虑媒介环境分析，把重点放在传播技术的关键特征了。其中之一是我们能跨越空间传播。比如，口头说话和公共讲演的空间有限，建基于可用的声觉效果，相反，书面讯息能长距离运输，莎草纸和纸张之类轻便材料上书写的讯息，尤其能远距离传递，其仅受运输技术限制（Innis，1951）。19世纪电报的发明被视为主要的转折点。电报是第一个克服了物理运输局限、使即时通信成为可能的技术。19世纪末，无线电报的发展克服了有线电报的局限，20世纪60年代通信卫星的加盟使全球通信司空见惯。当然，只要给予足够的时间，任何距离都是可以克服的，所以，讯息传递的速度也是一个关键的特征。麦克卢汉（1964）强调，由于电报、电话、无线电、广播，尤其电视等电子技术的采用，传播的加速产生了压倒性冲击。显然，有了互联网和移动通信设备以后，传播加速的势头继续发展。

速度涉及时间因素和空间因素，但时间的另一面是媒介的持久性及其保存讯息的性能。语言和符号传播能力是科日布斯基（1993）所谓的时间束缚的基础，是代代相传知识的能力。文字发明前，知识只能借助记忆术储存在人的记忆里，靠口语媒介的重复来保存，靠口耳相传。最早的文字大约于公元前3500年在两河流域的苏美尔人中产生。文字可以说是人类历史上最重要的发明，因为它使知识能在人脑外储存。记录文字的技术继续发展：大约公元前1850年闪米特字母表的发明，公元前750年希腊字母表的发展，公元前1世纪羊皮纸的发明，大约在1450年活字印刷机的采用——这一切都大大地增强了我们积累知识的能力。电子储存把这样的能力提升到非凡的高度，同时又引起担忧，因为变化中的技术和格式可能使储存媒介和文档难以读懂、难以获取。

跨距离传播、传播速度和跨时间传播的特征和第四个特征都有联系。第四个特征是媒介传播容量的特征，即共享数量的特征，在给定媒介环境里所存信息量的特征。语言和符号传播的性能容许人类足以生存的信息量，文字、印刷术、和电子技术都引起了新的知识爆炸和信息爆炸，尤其晚近一些时候更引起了信息超载。信息量的大增产生新的媒介，其功能是帮助组织、分析和综合新信息和新知识（Hobart，Schiffman，1998）。新媒介采取的形式可以是专门化之类的技艺、亚里士多德逻辑之类的软技术、羊皮纸之类的物质媒介，它们构成莱文森（1999）所谓的补救性媒介这样一个范畴。技术问题的技术解决方法必然产生新的技术问题，这又需要更多的技术解决办法；艾吕尔·雅克（1964）之所以断言，技术在技术社会里以几何级数增长，其原因就在这里。

传播容量的重要特征和另一个特征有关，这就是可获得性的特征。可获得性又可以分为两个成分，对应与新媒介相关的读—写二分法。在读的一面，分布着传播、讯息和信息的获取。在口语文化里，感知障碍相对少，因为凡是会说话的人都能获取全部的文化。相反，文字造成了我们迄今为止所知的新的障碍，因为它既需要解码文本的能力，又需要大量的专门化教育，还需要物理上通达文本。语标文字的每个字就是一个词，在一个语标文字系统里，需要学习的字数以千计，所以语标文字偏爱哈罗德·伊尼斯（1951）所谓的知识垄断，少数有特权的人掌握着文本王国的钥匙。书写材料的稀缺、复制文件的困难也强化了知识垄断，限制了知识的获取。伊尼斯认为，由于新媒介的采用，这样的知识垄断最终因可获取性的增加而瓦解，字母表、羊皮纸和印刷机都起到这样的作用。这些革新并没有消除文字素养通达知识的要求，但它们使文件的获取和解码更加容易，这在以前是不可能的。革新容许识字率的增加，使哈弗洛克（1982）所谓手工文化素养（craft literacy）到社会文化素养（social literacy）的转移成为可能。在手工文化素养的情况下，小群体，比如神职人员和会计师，为了职业的目的而加工文件；在社会文化素养的社会里，多数人为工作或娱乐而阅读，文化本身用文字编码，儿童上学去学会读书，而普及识字成为可行的目标。即使在文化普及的情况下，在尚未掌握读书技能的儿童和业已学会读书的成人之间仍然存在着障碍，这就导致儿童概念的扩张（Postman，1982；Meyrowitz，1985），与印刷术相联的语言和知识的专门化加重了社会群体和职业群体的分离（Meyrowitz，1985）。视听媒介、摄影技术、电影、广播，尤其电视的采用绕开了文字素养的要求，使信息获取的规模前所未有，导致童年延长的概念瓦解（Postman，1982；Meyrowitz，1985），使其他社会群体，尤其性别和性征群体的区别模糊不清，损害权威（Meyrowitz，1985）。互联网和移动技术的出现使权威瓦解的过程进一步加剧。

读写大约是携手并进的，如听说一样，虽然在有些情况下，阅读的传授并不与书写同行，这样传授的目的是维持对知识的控制。印刷术造成了读写的巨大鸿沟，这是手工艺的第一种机械化形式，既需要机械技能，又需要支付机器的费用和劳工的工资。19 世纪初，蒸汽驱动型滚筒印刷机的采用使读写的鸿沟进一步扩大，这一技术的采用产生了首批大量发行的报纸，以及廉价小说、通俗杂志和短命印刷品。这常常被视为大众传播时代的开端，接着出现的是 19 世纪末的录音技术和电影，以及 20 世纪的广播和电视。大众媒介需要采购机器的大笔投资，需要支持这些活动的复杂组织。这一趋势遵循公司化和所有权集中的轨迹，直至今天。这一趋势走向极端时，大众媒介产生了新媒介，相当程度上恢复了读写方程式中写的一面，使个人能获得在互联网上生成和分发内容的工具。也许，知识垄断的瓦解最明显地表现在美国报纸的迅速衰落和电视收视率的迅速下降。当然，计算机编程语言仍然代表着很大程度的垄断，新媒介赖以运行的编码以及创造和修正媒介的能力仍然是大多数人难以企及的。

媒介采用的传播形式包括传播所用的编码或符号系统，传播形式的主要特征可以用复杂性（Campbell，1982）、分辨率、保真度或品质来划分（McLuhan，1964），也可以用它们诉诸的感官来划分（Hall，1959；McLuhan，1962，1964；Ong，1967，1982）。视觉和听觉是最主要的传播感官，有重大的差异。我们聆听时处在麦克卢汉所谓的中心（1962，1964），他称之为声觉空间，因为听觉在360度圆圈里运行——一切声音都是环绕声。因此，听者是居于中心的主体，处在世界的中心，直截了当地说，他占据主体地位。与听觉相比，视觉可以开关——我们能闭上眼睛，却不能闭上耳朵，视觉是有指向的。在任何给定的时间，我们必须选择看的方向。我们的眼睛经过专注于阅读的训练，目光的指向性尤其明显，观者遂成为旁观者和偷窥者，像局外人那样看世界，与世界保持距离。这一异样的视觉把观者尤其读者放进客观的位置。麦克卢汉和翁都说，西方文化表现出很高程度的视觉主义，生于印刷术的现代文化尤其如此。重要的是指出，视觉主义指的是视觉的主导地位，是基于书面文化的抽象视觉，不是与形象和图像相联的具象视觉。麦克卢汉和翁之所以认为，电子媒介时代正在发生偏离视觉主义的迁移，视觉主义的性质就是原因之一。举例来说，视觉主义与高涨的视觉相联系，沉默的要求使视觉得到强化。相反，电子媒介包括翁所谓的次生口语文化，比如录音、电话、广播和视听媒介，尤其电视。在口语文化里，其他感官也被用作技艺辅助器。麦克卢汉认为，通过电子传播，非文字感知平衡得到一定程度的恢复。感知平衡的恢复可见于电子中介的声音，还见于触觉在电视遥控器、电脑鼠标（鼠标是有中介的指向和触摸形式）、各种键盘和打字板以及游戏遥控器里的作用，姑不论游戏界面和移动设备里的震动功能。全面感知刺激是虚拟现实技术的目标，我们目睹着正在达成这一目的的重大进步。

可以说，每一种传播代码和模式都有自己的语法和词汇，都有各自的表达形式，以及感觉、思维和经验的编码方式，这是一个重要的区分，苏珊·朗格（1957）将这两大范畴分别命名为表征性符号形式（presentational symbolic form）和推理性符号形式（discursive symbolic form）。另一些学者（Bateson，1972，1979; Watzlawick，Bavelas，Jackson，1967）则区分为模拟传播和数字传播。推理性形式和数字形式包括口语词、书面词和数字。朗格把感知与大多数艺术形式和仪式纳入表征性形式的范畴，而贝特森和瓦兹拉维克等人把非语言传播和图像传播纳入模拟形式名下。形象被纳入表征性形式和模拟形式的范畴，这透露了波斯曼电视批评的信息。形象靠其与被表征对象（更准确地说是与我们的内部概念）的相似性而传达意义；在这个意义上，形象与符号相对，因为符号与其所表征对象的关系是任意性的，符号的意义只会建基于心照不宣的同意和约定俗成。此外，形象是连续性的，不由离散的单位构成；形象不是推理性的，意思是说，它们不能构成陈述或命题。“外面正在下雨”是一个命题，也就是说，可以靠搜集证据来检验其有效性；在这里就是靠直接的观察，从而判定这句话的真伪。形象是具象的表征，因此，下雨的图像既不真也不假，因为除了表现自己外，它不声称任何其他东西。一张图画可以被篡改、被喷漆或被拍照，除非被附着于一句话，否则，它就不是赝品。只有我说这幅画代表着室外的雨时，我们才进入了真假的领域。即使这个时候，能被证明真假的也是我说的话，而不是这幅画。因此，图像构成极好的宣传资源，比如，冲突双方都会使用被炸毁房屋的图片，一方称，被摧毁的建筑是武器工厂，另一方称，那是民房（实际上，双方的言论都可能是真实的）。

麦克卢汉（1964）认为，媒介容纳其他媒介，将其作为自己的内容，杰伊·波尔特（Jay Bolter）和理查德·格鲁辛（Richard Grusin，1999）将这一机制称为补救（remediation）。比如，文字的发明是用作记录口语的手段；无论书面文本是否口授的产品，其内容都是言语，语标文字的字符代表语词，字母表的字母代表构词的声音。手写文件又成为印刷术的内容，在早期近代欧洲，印刷机最初的产品设计得像手稿。我在计算机的文字处理器上敲击这些词语时，我看它们像白纸上的黑字，但实际上，它们是由光子和电子构成的。一种新媒介被使用时，谁也不知道其全套潜能将有多么宽广，所以，我们用它做的第一件事情就像我们用旧媒介所做的事情。麦克卢汉把这一机制形象称为后视镜思维（McLuhan，Fiore，1967）。波尔特和格鲁辛指出，补救机制不限于新媒介补救旧媒介，比如，计算机屏幕能出现在印刷媒介的照片中。在另一种意义上，一切媒介都被计算机补救了，补救的途径是数字技术的使用，或者是互联网这个发送系统。艾伦·凯（Alan Kay）将计算机称为元媒介（metamedium）（Kay，Goldberg，1977）。

参与条件（conditions of attendance）是媒介的另一个重要特征。接收的方式会造成独特性的差异，比如独自一人看电视和身处群体看电视的就有不同，在评说和讨论（或批评）内容的可能性上不一样，与之相伴的自我意识也不一样。朗读和默读不一样，无论你是一人独处还是有人相伴——这些因素也改变内容的经验意义。在电影院里看电影和在舒适的家里对着电视看电影是不一样的。在移动设备上看电视、读邮件是一种感觉，在沙发上看电视、电脑液晶屏上看电视是另一种感觉。有些类型的媒介，比如公共讲演或表演自然而然使人相聚。有些媒介偏爱人的独处，比如阅读和书写。有些媒介两种情况兼得，电子媒介尤其如此。和参与条件相关的是发送方式的特征。我们可以区分主动获得的媒介和送上门的媒介，前一种媒介如外出购买的书报杂志，后一种媒介有邮局投递的邮件或电子送达的邮件。照相机传达的亲近感在现实里常常是不可得到的，特写近照尤其如此。话筒对声音的作用与之相同。电影的大屏幕从高于生活的立场与观者交流，电视机的小屏幕刚好相反。写作使我们能进入他人的内部思维，戏剧性的表演达不到这样的效果，除非借用外在化的独白。麦金托什操作系统和视窗操作系统的图形用户界面探索环境是一种方式，旧式电脑的命令行结构探索是另一种方式。

媒介环境学这以这样的方式分析媒介和媒介环境，其首要关怀是媒介对个人、关系、群体和社会的影响以及媒介对传播、意识和文化的影响。媒介环境学者强调效应，有些人倾向于给他们扣上媒介决定论或技术决定论的帽子。我已在其他地方论证（Strate，2012c），技术决定论一般是对他们假想的对手进行批判的，而媒介环境学没有这样的对手，其文献里是没有决定论表述的；只有在环境失控时，才会有决定论的表述。有时，决定论的语言被用来使某一观点带上戏剧性，成为一个简便的标签，结果就可以说印刷术“造成”民族主义，正如生物学家可以说进化“创造”直立行走的人类。但媒介环境学者并没有进行真正意义的决定论表述，而是简单地采用约翰·卡尔金（John Culkin，1967）表达的立场：“我们形塑工具，工具反过来形塑我们。”（p. 52）换言之，我们启动的变革和革新造成的后果（Rogers，2003）既可能是积极的，也可能是消极的，既可能是令人满意的，也可能是不尽如人意的，两者是不可能截然分开的。此外，无论积极或消极，革新的一些后果是有意为之，至少是可以预期的，但总有一些后果是无意为之或预料之外的。变革引入复杂系统的效应总是难以预料的，也就是说，面对技术进步要谨慎，但我们很难持谨慎的态度。变革的后果很难预测的原因之一是，一旦被采用，革新就产生直接的效应，直接的效应又产生间接的效应，这种次生的效应又造成第三级的效应，如此等等，变革的后果以生态效应的方式展开。间接的效应常常是预料之外的，而且常常是不如人意的。

顺理成章的判断是，认为我们引起的变革后果完全在我们的掌控之中，那显然是荒谬的想法。效应并非预定的，有些媒介环境学者喜欢用软决定论的理念，换言之，革新构成必要条件，却并非充分条件，也就是使某些效应成为可能，或促进某些效应。用小林恩·怀特（Lynn White，Jr.，1962）的比方说，它们打开了一扇门，但并没有命令我们穿门走进去。我们生活在自然、社会和技术的复杂环境里，我们的自由行动力受局限，承认这一事实并不会减损我们的主体性。我可以挑选看什么电视，或根本不看电视，但我不能生活在没有电视影响的世界里，我也不可能生活在没有飞机、计算机和核武器影响的世界里。麦克卢汉的“媒介定律”为我们思考革新效应提供了另一个框架。该定律指出，新媒介的采用提升或延伸生活某一方面，同时又使另一方面过时，使曾经过时的元素复兴或恢复；被推向极端时，新媒介又逆转而成自己的对立面（M. McLuhan，E. McLuhan，1988）。这四条定律或四个问题（因为这个模型常用四个问题来表示）可以被理解为引起系统变革的四个基本点。变革给系统加上某种属性，从而提升系统的某一部分；添加某种属性会取代此前系统的某一部分，使之过时，而曾被取代的某一部分重新浮出水面（这和弗洛伊德被压抑无意识的回归类似）。系统是非线性的，变革强化时，系统不会继续产生相同的结果，必然会产生与系统强度较小时相反的效应。

系统论思考问题的方式为我们理解因果关系的语言提供了另一种选择，这是建基于突显论（Deacon，2012）的概念。突显属性是系统组成部分的结构、互动和关系的结果，由此产生非线性的和难以预料的结果，此间，秩序生于混沌，系统在自催化过程中突显出来（Maturana，Varela，1992）。在这个意义上，革新的结果不是直接因果关系的结果，更准确地说，变革引入系统时，新属性从新系统中突显出来（Strate，2011，2012c）。亚里士多德的形而上学提供了另一个类似的选择，它假设动力因（efficient cause）是四种因果关系的基础。其他三种因果关系是质料因（material cause）即构成结果的素材、目的因（final cause）即平衡态和形式因（formal cause）即结果的形态。现代科学局限于动力因，一定程度上承认质料因；另一方面，系统论和突显论概念是目的因和形式因的新体现（Campbell，1982；Deacon，2012），麦克卢汉父子（M. McLuhan，E. McLuhan，2011）认为，媒介效应最好被理解为形式因的产物。

媒介效应可以理解为在微观和宏观两个层面上运作。在微观层面上，我们可以集中研究媒介对个人的影响，对心理、自我感觉、身份认同的影响，对思想、情绪、行为和人际关系的影响。在宏观层面上，我们可以集中研究媒介对群体的影响，对社会和文化的影响，对政治和经济、教育、艺术、商务、治理、军队、司法以及宗教等的影响。广义地说，我们可以认为，媒介在人类事务中发挥引领的作用，是人类历史的重要因素。如此，我们可以这样来理解：使人类独步天下的是我们语言交流和符号传播的能力；从部落、游牧、狩猎—采集社会向农耕定居、城市的过渡，即传统所谓的文明与符号系统和文字的发明是携手并进的；西方文明的特色建立在发源于古以色列和古希腊的字母表文字的两根支柱上；从中世纪向近代的过渡与功在千秋的谷登堡印刷革命联系在一起；电子革命尤其电视是现代结束的标志；新时代的特征尚难界定，我们只能称之为后现代。这样的历史分期法有别于标准的史前史、古代、中世纪、现代的分期法，也有别于部落 / 狩猎—采集、农耕、工业、后工业或信息时代的分期法。我认为，这是理解我们人类历史的更好的分期法。

我承认，我坦露的这个观点维持了把重点放在西方文化上的传统，但是，这个观点应用于非西方文化，也是很容易的。同理，这个观点可以更具体地与文化史并用，比如分析公元 2 世纪中国造纸术的影响，比如印刷术对 17 世纪英国政治动乱的影响，又比如印刷术对 19 世纪意大利和德国民族团结的影响。微观层面分析和宏观层面分析之间没有绝对的界限，媒介环境学的研究路径容易和民族志研究并用。然而媒介环境学和当代的许多文化理论有所不同。媒介环境学者始终对宏观图景的关怀持开放态度，他们关怀的问题有：什么推进人类历史？什么使人之所以为人？人类的前景如何？我们的文化前景如何？道格拉斯·亚当斯[1]所谓的关乎生命、宇宙和万物的问题构成人类关怀的基础，尼尔·波斯曼发动的对当代美国文化的批判就建立在这个基础上。

---

〔1〕道格拉斯·亚当斯（Douglas Adams，1952—2001），英国科幻小说作家，代表作有《银河系漫游指南》《神秘博士》等，许多作品被改编为广播剧和电影。

第四章　演进中的美国媒介环境学

在《娱乐至死》里，波斯曼对印刷术时代和电视时代进行了鲜明的对照，以便论证：美国文化危险地失衡了。他承认，他扮演的是“大缩略语使用者”（Great Abbreviator）的角色（p. 6），目的是以简洁明快的方式呈现他的批评。媒介环境学者常常用辩证法推进他们对传播形式或技术形式差异的认识。他们要认识的差异有：口语文化和书面文化的差异，语标文字和字母表文字的差异，手抄书文化和印刷书文化的差异，芒福德（1934）机械意识形态和有机论意识形态的对立，伊尼斯（1951）对笨重媒介文化与轻便媒介文化、时间偏向文化和空间偏向文化的对比，麦克卢汉（1964）冷热媒介的二分法，朗格（1957）对人类符号传播能力和其他物种缺乏这种能力的基本划分。这样的对比可能遭受批评：“大分割”（great divide）忽略了连续性和复杂性。但显而易见的是，在这么多讨论的“大分割”中没有哪一个真的那么大。我们对分割大小的判断，很大程度上取决于分析的层次，无论涉及的是大历史概览，某一具体文化里的媒介环境的民族志研究，抑或是某一具体情境的微观分析。在对比印刷书和电影时，波斯曼遵循麦克卢汉（1964）的指引，依托媒介环境学领域业已确立的研究传统。至于我个人，我不能不承认，在考虑美国媒介环境时，我也是“大缩略语使用者”。

美国文化是西方文化的产物，其基础是古以色列、希腊和罗马的书面文化。正如麦克卢汉所言，字母表构成谷登堡印刷机的基础，虽然它也仰赖中国2世纪发明的造纸术。纸张、新冶金术铸就的活字、源自榨酒机的机制、源自文艺复兴绘画的新型油墨——这一切的结合在15世纪中叶产生了伊丽莎白·爱森斯坦（1979）所谓的印刷革命。印刷书不仅代表着手工艺的第一种机械化（McLuhan，1962），而且在一本手抄书的单位时间内能印制许多相同的副本，因而戏剧性地增加了信息的可获得性。这是知识爆炸的开始，印刷书的增加点燃了研究世界的热情，推进了出版业。印刷书还服务于印刷商的利益，爱森斯坦（1979）解释说，印刷商是早期的资本家，他们投资于生产资料，雇用工资劳动者。由于信息量和知识量的增长，专门化日益成为必需，趋向于日益窄化的课题领域里更大程度的专门化，这个趋势延续至今。

印刷术生产同一文本众多完全相同的副本，消除了手抄书几乎必然的变异，造成以前几乎不可能的甚至难以想象的标准化形式。这就导致遍及整个西方文化里注重标准化的新风潮，包括通俗语言的标准化，单一"正确"方言的确定，和标准语通常相联系的是首都城市和印刷机构所在的地方，以及早期的印刷商常常要依靠的统治阶级。随之产生的是语言的正确使用与俚语和方言偏离（标准语也是一种方言，但被推崇为标准的语言了）的分别，正确语法和错误语法的分别，正确拼写和错误拼写的分别（Steinberg，1996）。标准化的驱动力扩大到社会文化的其他方面，比如度量衡、政策和程序的标准化，当然最强大的驱力是印刷媒介的标准化形式，这是官僚主义的基础。语言标准化的实现部分是通过印刷媒介的传播，包括民族文学和期刊的出现。但更重要的是，印刷媒介以学校的形式实现了制度化，学校把首要的重点放在文字素养和数字素养上，把第二位的重点放在社会化和文化整合上，如今的文化是由印刷术主导的（Nasaw，1979）。波斯曼（1982）认为，儿童被隔离在学校里，只能慢慢获取经书本编码的成年人的秘密，童年的文化概念随之改变，童年和成年的边界随之而板结硬化，进入成年世界的年龄就被推迟几年了。

铅字演化的趋势是清晰度增加，这也有助于提升文化素养，使默读司空见惯，反过来使文本的解码更容易、更迅速，但朗读的重要性不应打折扣，因为文盲可以靠这样的方式来接触文字材料。然而，文化素养的普及又确保了印刷时代视觉主义、线性思维和设计偏向的加重，这种偏向是在古代的书面文化里初生的。个人主义偏向也因书面文化的普及而加强，阅读、书写尤其默读需要高度的社会隔离。即使在一群人同时阅读同样的文本时，人人都是分开的，各自阅读。但当我们听讲演时，我们在共享的媒介环境里结为一体。印刷书还产生了现代的作者及其署名权的概念，它强调此前不存在的独创性。这和个人主义有关系，但也和印刷品的促进有关系，因为印刷品导入了大规模广告和宣传的首批形式；通过传单、目录、通告、小广告和苛刻评论的印制，通过稍后杂志的问世（Eisenstein，1979），作者及其署名权的概念被强化了。此外，印刷术开启了人们对版式和视觉呈现的关怀，接着发明的版画构成了图像复制革命，但耐人寻味的是，在大多数印刷媒介里，图像复制的革命都从属于书面词。

印刷术促进书面文化，为抽象表达形式的加强敞开大门，特别使思想聚焦，因而和口语传统相对；口语传统强调的是具体的情境，强调主体戏剧性行为的叙事，那是为了满足记忆术的需要。政论、纲领和宣言的印刷产生意识形态，其所指是整合的思想系统（Goody，1986，1987）。印刷商捍卫自己的投资、反对盗版，导致版权的立法，随之而起的是首批抽象知识产权。千百年积累的学问容易获取了，这就促进学术发展，推进对自然界的研究，导致现代科学的兴起（Eisenstein，1979）。经验方法代表视觉主义的另一种表现，科学进步倚重出版发行，使研究公开接受检验。一般地说，作为专业活动的现代科学与所谓理性时代和启蒙运动相生相伴。科学常常被视为哲学即自然哲学的分支，直到19世纪才与技术结成密切的关系；科学进步常常与机械学的进步平行发展，启蒙运动也与程序理性化的增加相关。然而，由于知识和专项技术的增加，以及印刷文化培养的理性方法论，波斯曼（1992）所谓的工具使用文化过渡到技术统治文化了。换言之，技术和技术程序对某些社会环节的控制随之增加，例子有官僚主义形式的治理，以及资本主义的经济。

谷登堡的印刷术发明半个世纪以后，新大陆随之被发现，印刷术因而改变了空间和时间的文化观念。虽然哥伦布和继后的探险家几乎没有改变欧洲人的生活，但由于地图和地图集的印制，欧洲人在世界上所处位置的观念却戏剧性地改变了。虽然印制文件的纸张是精选材料，但并不是所有的文件都那么耐用，而大批量的生产及其广泛的传播又赋予印刷媒介保存的力量。用爱森斯坦（1979）的话说，其耐久的力量大大超过了石头上镌刻的文字。印刷术促进了历史学和历史撰写，造就新的历史意识，在年历和期刊的辅助下，个人日益觉悟到自己在所谓时间轴上所处的位置。在印刷时代的初期，印刷商印行过去两千年来的手抄书，使柏拉图和亚里士多德之类的人物富有空前的盛名和影响，还提升了过往时期的意义。正如爱森斯坦所言，和过往的学问再生不同，意大利文艺复兴固化为永恒的裂变。鉴于手稿媒介被用于印刷媒介的早期内容，难怪爱森斯坦指出，“谷登堡之后整整过了一个世纪，新世界图景的轮廓才进入人们的视野”，不过，到了16世纪中叶，“可以令人信服地说……古版书时代可以被视为重大的历史分水岭，印刷术的出现开启了西方历史的一个新时代”（p. 33）。简言之，印刷术是动因，借此，欧洲社会完成了从中世纪向现代的转化。

无疑，印刷术最重要的社会发展之一是宗教改革，它肇始于1517年马丁·路德张贴的《九十五条论纲》。在罗马教会诞生的环境里，识字率低，书面文化倚重的是手抄书生产，强调神父的中介性，使用图像和意象，注重口语传播。相反，新教建基于随手可得的《圣经》，使圣言和圣道通达每一个识字的人。这就使神父的中介性过时，路德说“每个人都是自己的神父”，这一口号不仅表示对罗马天主教教阶组织的拒绝，而且表明教徒阅读《圣经》的义务。因此，新教运动特别强调文化教育、兴办学校。爱森斯坦（1979）也指出，新教徒大量使用印刷媒介，以推进自己的事业。在某些方面，罗马教会的反宗教改革运动既代表对新印刷媒介的抵制，也代表着一定程度的兼容，耶稣会的创建即为一例。正如伊尼斯（1951）所言，印刷机打破了罗马教会的知识垄断，同理可以说，印刷机搅动一潭死水，产生了民族主义和民主。印刷术出现之前，大多数“新闻”面向本地，偶尔才有旅行者提供的外部世界的消息，而且这些消息常常是教会在礼拜天传播的。印刷术为创建真正的民族文化提供了基础，通过治理、法律和文化的标准化和同质化，通过小册子、传单和报纸的印行，西欧的第一波民族主义兴起了；小册子、传单和报纸提供信息和人与人联系的感觉，这一感觉超越本地的范围。至于宣传的效应，那是不能打折扣的，对政治领袖和宗教领袖使用印刷术的目的，也是不能低估的。实际上"宣传"（propaganda）就是教皇格里高利十五世 1622 年创造的一个词，用以指信仰的推广。

印刷术被赋予创建文坛的功劳，学者、知识分子和作家的虚拟共同体形成，同时，印刷术又开辟了大众阅读（McLuhan，1962），构成了民主的基础。由于政治信息的获取增加，臣民的知识不足以使之管理自己事务的观点，不再具有说服力，国家知识垄断的打破产生了现代民主革命。正如托马斯·卡莱尔（Thomas Carlyle，1840/1940）在 19 世纪所述："用活字印刷缩短抄书人工时的人正在解散雇佣军，使众多国王和元老'失业'。"（p. 29）作为新的交易媒介，纸币的印刷使政治为之一变，经济亦随之变化，结果就是货币制度的标准化和资本主义的兴起。总之，印刷术促成集中化的政治、经济、社会控制，以及殖民帝国的建立。但它也催生启蒙运动，而启蒙运动又集合了政治解放、自治和平等的理想，加强了对个人主义、理性主义和科学方法的重视。

印刷媒介环境并没有生成任何乌托邦社会，也不是至善至美、自璧无瑕。正如一切革新均要付出代价一样，但印刷术的益处是很有意义的，其影响构成人类生活机遇真正的进步。正是在这种文化混合的环境中，美利坚合众国诞生了。波斯曼（1995，1999）指出，这是第一个在论争中诞生的国家。美国革命的烈火是印制的小册子点燃的，最著名的小册子是托马斯·潘恩（Thomas Paine）的《常识》(*Common Sense*)。波斯曼（1995）注意到，在300万人口中，《常识》就销售了大约40万册，接着他评述道，“在今天的美国，引起如此集体注意力的传播事件只能是橄榄球超级碗了”(p. 35)。在《权利法案》(*Bill of Rights*)、美国宪法《第一修正案》里，印刷媒介的重要性被神圣化。《第一修正案》保护新闻自由、言论自由与其他表达和传播形式，尤其保护宗教、和平集会和向政府情愿的权利。重要的是指出，在制定宪法时，专业新闻业全然不存在，《第一修正案》保护印刷商，是指他们可以出版任何想要出版的东西。这就确保作为印刷机延伸的政党随时可以宣传自己的立场，执政党不能垄断印刷品的传播。总之，《美国宪法》和《独立宣言》(*Declaration of Independence*)代表着启蒙运动价值的非凡表达。虽然在实际的应用中有瑕疵，它们还是创建了一个自我修正的系统。波斯曼（1995）称之为“美国的实验”。它们确立了芒福德（1922）讨论的有限意义中的乌托邦理想。

波斯曼（1985）强调指出，新英格兰殖民地很高的识字率和他们的清教徒之根有关系，和他们采用拉米斯[1]的教育方法也有关系。翁（1958）指出，这种教育方法是印刷文化的视觉主义扩散的主要力量。美洲殖民地其他地方的识字率较低，所以新英格兰就为其他殖民地提供了精神领导。重要的是，美洲殖民地的识字率比欧洲高得多，领导美国革命战争的士绅文化素养尤其高，他们创建了这个新的共和国。19世纪中叶开始的新移民浪潮里有许多不识字的

[1] 彼得·拉米斯（Peter Ramus，1515—1572），法国哲学家、逻辑学家、修辞学家，革新亚里士多德和西塞罗的修辞学。沃尔特·翁曾长期专攻拉米斯研究。

人，或英语不流利的人，所以，19 世纪期间公共学校体制创建起来，并得以扩张，这就确保了第一代和第二代移民儿童融入主流文化（Nasaw，1979）。同样，虽然印刷技术并非人人能掌握，但在殖民地时期和 19 世纪初，印刷技术的形式是小型手摇印刷机，出版发行的过程比后来更平等。同时，早期报纸的对象是精英和政商界领袖。尔后，19 世纪初蒸汽印刷机的发明使报纸的大量发行成为可能，报纸较便宜，信息较容易获取，但报纸话语水平降低，有时为吸引读者而诉诸耸人听闻的手法。抛弃党派报纸的传统后，报纸拥抱客观报道的新理想，同时又意味着，任何政治经济偏向都是可以传达的，只是除了社论和舆论专栏外，表现的方式不那么明显而已（Schudson，1978）。除了诸如此类的偏向，报纸的形式维持了注重时间的偏向，不太愿意做长期趋势的报道。

蒸汽机带来的生产力的提高造成了一个前所未有的问题。波斯曼《娱乐至死》的许多方面是在丹尼尔·布尔斯廷[1]《图像》（*The Image*，1978）的基础上发挥的。正如布尔斯廷所言，旧式的报纸报道世界上真实的事件，它们刊载有价值的新闻，例如，有战争、事故、自然灾害、选举、满载新货物进港出售的货轮信息。蒸汽印刷机使印行日报成为可能，且没有多大困难，发行量大的廉价报纸依靠的是规模经济。出日报需要足够的内容，而足以填满报纸版面的真实事件是不够多的。在这里，我们看见新媒介的一些基本模型。刚刚启用时，新媒介吸收传统的内容资源。例如，印刷机被采用时，首批印行的图书是过去的手稿。然而，一旦供给不满足新媒介扩张

〔1〕 丹尼尔·布尔斯廷（1914—2004），美国历史学家、博物学家，曾任国会图书馆馆长，著有《美国人》（三卷）、《神秘的法学》、《发现者》、《创造者》、《探索者》等。

的性能时，就有必要寻找新的内容资源——在这个意义上媒介推进内容。在印刷术的初期，大多数旧手稿用拉丁文书写，印刷商就鼓励当代的作家用通俗语言写新书，以提供新内容，拓宽市场，直达文化水平较低的识字人。至于发行量大的日报，起初的新内容资源是警察提供的罪案记录；此前，人们从来不认为罪案有新闻价值（Schudson，1978）。今天，我们理所当然地认为，罪案有新闻价值，但亨利·戴维·梭罗[1]对19世纪的新闻提出很犀利的批评：

> 我敢肯定地说，我从来没有在报纸上看见过任何令人难忘的新闻。我们读到一个人被打劫、被谋杀或死于事故的新闻，一幢房子被烧、一艘船损毁或被炸毁的新闻，一头牛在西部铁路上被轧死、一只疯狗被杀死或冬天蝗虫成群的新闻，——我们再也不需要读另一条新闻了。一条足够矣。如果你熟知原理，你还喜欢许多例证和应用吗？对哲学家而言，一切所谓的新闻都是闲言碎语，编发和阅读闲言碎语的人是那些喝着茶的老妇人。（pp. 107—108）

除了罪案报道外，布尔斯廷（1978）指出，报纸从搜集新闻转向制造新闻，即报道他所谓的假事件（pseudo-event），只是为被报道而发生的媒介事件。最早的例子是访谈，接着出现的是宣传噱头，后来的例子有新闻发布会、记者招待会、背景吹风会、试探性气球和新闻泄漏。从这些混杂的媒介事件中兴起了两种肩并肩的职业：19世纪晚期专业记者和编辑主导的新闻业，20世纪初出现的公共

〔1〕 亨利·戴维·梭罗（Henry David Thoreau，1817—1862），美国哲学家、文学家，远离尘嚣、结庐而居，著有《论公民的不服从义务》《瓦尔登湖》等。

关系。布尔斯廷的假事件概念基本上就是后现代主义者鲍德里亚[1]（1994）所谓的仿真和超现实：编造的事件似乎比真实事件还要真实，因为它是专为媒介编造且媒介能获取的事件，是为了在媒介偏向里起作用的事件。

工业化的印刷媒介祸福相依，正如波斯曼（1992）所言，这是浮士德的交易，因此现代报纸存在严重的局限和不足。正如艾吕尔（1965）所言，对新闻上瘾的个人未必就见多识广、深思熟虑，这是因为在我们的文化里，追赶新闻的压力、对当天大事发表意见的压力使个人容易受到宣传的伤害。波斯曼知道，19 世纪和 20 世纪的印刷媒介不完美、不理想。不过，无论它们多么偏离文字素养和印刷术的核心美德，它们仍然由书面词主导，仍然传播着文字素养的心态，维持足够的印刷术偏向，从而在我们的文化里发挥着积极的作用。对印刷文化的消解来自两个其他的路径，波斯曼（1985）将印刷文化的消解与摄影术和电报术联系在一起。

瓦尔特·本雅明[2]在著名的论文《机械复制时代的艺术作品》（The Work of Art in the Age of Mechanical Reproduction）里作了这样的探讨：艺术品的大批量印制虽然使内容民主化了，但摧毁了原作的光环，瓦解了其独特的意义。以本雅明的分析为基础，布尔斯廷（1978）关心图像复制的负面冲击：我们能创造幻觉、人为再现

---

〔1〕让·鲍德里亚（Jean Baudrillard，1929—2007），法国思想家，几乎推翻了法兰克福学派在二战前批判资本主义大众文化的理论，从一个全新的视角来分析资本主义消费社会文化的意识形态，著有《消费社会》《符号政治经济学批判》《生产之镜》《象征交往与死亡》《仿真与仿像》等。

〔2〕瓦尔特·本雅明（Walter Benjamin，1892—1940），德国作家、翻译家，著有《机械复制时代的艺术作品》《德国悲剧的起源》《单向街》等。

现实，使自己更疏离真实世界，受制于奢望，失去标准和一致性。布尔斯廷对图像文化的批评也表明文化素养的下降，这与其说是文盲率的上升，不如说是日益增长的不读书现象，因为仍然维持读写能力的个人选择不读书，把时间和精力花在其他追求上，比如看电视（Boorstin，1984）。苏珊·桑塔格[1]也吸收本雅明的思想，她解释说，至于我们与图像的关系，1826 年发明的摄影术的确是名副其实的革命性技术。这一新发明之前，人们理解的图像要经过作为中介的艺术家的眼睛和手，如此，图像就从属于人的主体性。另一方面，照片赋予摄影机创造的形象前所未有的客体性光环，虽然在框架和构图、镜头角度、取光等方面还存在主体的决策。照片给我们的感觉是，现实一定程度上被捕获、凝固和再创造，照片赋予媒介前所未有的合法性和权力，打开了新图像文化形式的大门。

摄影术的冲击固然重要，却有局限，直到 19 世纪末，照片大规模生产的技术发展才使之改观，并使之融入报纸和其他印刷媒介。至此，电影的发明给摄影机捕获仿真现实的能力加上了时间的维度。在方程式的声学一侧，19 世纪发明的录音技术使捕获和再创造声学世界成为可能，并最终补足移动的形象，使我们 1927 年有了有声电影。19 世纪发明的电话、无线电广播的启用使远距离传播声音成为可能，电视赋予图像分布前所未有的即时性。麦克卢汉（1962，1964）和翁（1967，1982）强调电视声学特性，至少起初是作为带图像的无线电呈现的，具有一定的隐喻性：其广播更像是声波的涟漪，而不像书面文本的线性运输。一定程度上，这是由于印刷媒介和现代西方文化视

---

[1] 苏珊·桑塔格（Susan Sontag，1933—2004），美国文学家、艺术评论家，著有《反对阐释》《激进意志的风格》《论摄影》等。

觉主义的抽象形式的关系。用对比的手法，波斯曼确认电视是视觉媒介，并不是在它抽象的意义上，而是在对具体视觉形象前所未有的强调上。毕竟，看电视的人可以被视为听众，而听众是声觉术语，但他们又被称为观众，用更晚近的话说，电视观众是“眼球”。我们开电视，收听其讯息时，我们说自己在看电视，而不是说我们在听电视。除了传统上被称为“电视机”之外，技术性更强的一个词暗指电视机是零件的集合，人们一直在电脑显示器（monitor）上看视频传送。莱恩（Ryan，1974）索性说，监测环境是电视媒介的固有偏向。在21世纪，阴极射线管已过时，我们习惯于使用屏幕（screen）和显示器（display）之类的字眼，可屏幕更常与电影和幻灯相联系，而显示器用在平板屏面显示器（flat screen display）这样的短语里。这些术语支持波斯曼的观点：电视首先是视觉媒介、形象取向的媒介。无论电视之前有多少生产和分发图像的方法，加上电视以后，我们的文化成为图像文化的天平才倾斜了。

《娱乐至死》可以被理解为图像文化批评的延伸，这无疑是该书的一个重点，但若就此止步，那就只讲了故事的一半。述及摄影术时，波斯曼还指出，电报术的发明是改变游戏的另一种技术发展。撒缪尔·摩尔斯[1]1837年发明的电报是第一种电子媒介。遵循芒福德的论述，麦克卢汉断言，这是从机械技术向电子技术的转折，代表着自字母表发明以来西方文化最急剧的转变。无疑，信息的即时传输使距离在电子通信里几乎无关紧要了，使内容去物质化，书面讯息通过摩尔斯电码转化为电子脉冲了。在这一点上，脱离物质形

〔1〕 撒缪尔·摩尔斯（Samuel Morse，1791—1872），美国教授、画家、发明家，摩尔斯电码发明人。

式的纯信息概念就成为可能。梭罗（1899）批判我们国人与摩尔斯革新的新恋情：

> 我们的发明常常是漂亮的玩具，干扰我们对严肃事务的注意力。它们只不过是追求无改进目标的略有改进的手段而已，目标已在，且容易到达，通达波士顿或纽约市的铁路就是这样的例子。我们急急忙忙建设从缅因州到得克萨斯州的电磁式电报线，但缅因和得克萨斯可能并没有重要的东西需要传输。它们都身处困境，颇像一位真诚的绅士，渴望结识一位耳聋的贵妇。有人引介时，贵妇那号角状助听器的一端放进他的手里，可他无话可说。仿佛主要的目的是快快说话，而不是明智地说话。我们急忙在大西洋底铺设电缆，把旧世界到新世界的交流加快几个星期；但可能会出现这样的情况：首先披露并送达的新闻却是阿德莱德王妃[1]患百日咳。毕竟，骑千里马的人不会传递最重要的讯息。（pp. 60—61）

这里，梭罗再次把新闻与闲言碎语画等号，实际上，闲话的确是传播内容的主要源头之一。电报用于点对点传播，由于通讯社的建立而使新闻报道革命化，第一家通讯社是1846年创建的美联社。通讯社向报纸出售新闻，把新闻和信息变成商品，使之独立于新闻发生的印刷媒介（Innis，1951；Carey，1989）。这有助于解决足够多内容填充版面的问题，因为编辑可以收到本地之外的内容，以补

〔1〕 阿德莱德王妃（Prince Adelaide Alfred），英国女王维多利亚的二儿子阿尔弗雷德 · 阿德莱德的王妃。

充通常编发的本地新闻。电报自身，加上报纸，把全民族联结起来，使注意力转向国内政治和国际政治，偏离地方事务（Carey，1989）。但是，电报和报纸与一致性和线性（McLuhan，1964）的瓦解联系在一起。由于众多报道流进报社，编辑们需要迅速用相关的报道进行编排，于是，报纸偏离相对线性的呈现，走向现代报纸的马赛克外观，《纽约时报》和《华盛顿邮报》这样的传统报纸的头版是典型的马赛克。结果，从头版到中部直到最后一版去通读报纸就不可能了。这一格式预示了今天网站典型的空间并置。随同马赛克版面呈现的是文法的变化，倒金字塔的新闻写作替换线性的叙事，所以，报道第一段写最重要的信息（常常是谁？什么？哪里？何时？为何？如何？），次重要的事实放进第二段，如此等等，倒金字塔的写法使编辑容易在任何一点上删减，以符合版面的需要。电力本身是非线性的，需要电路的完成起作用，电路又与控制反馈回路联系，这样的非线性代表着书写和印刷偏向的逆转。因此，这是两千五百年前开始的着重点，自印刷革命以来，这种逆转的势头一直在加剧（见 Strate，2012a）。

波斯曼认为，电报对话语的影响有三个方面：（1）它用与我们日常生活无关的信息淹没我们。我们受制于信息的排炮，不能行动，这又使我们觉得力不从心。（2）除了无力针对信息洪水而有所行动，我们甚至弄不懂这样的信息，觉得它们根本就是杂乱无序的。（3）电报术把信息从其所在地的情况剥离出来，造成信息难以想象的去语境化，这个过程又被其他电子媒介进一步强化。这就是为什么正如托马斯·曾戈提塔（Thomas de Zengotita，2005）呼应波斯曼所云，“意识”近年已成为时髦词。即使我们不能就一个问题做什么，我们也可以意识到问题的存在，这使人觉得正在做什么。名流参加“意识运动”（awareness campaign），要我们也参与，而我们自己也觉得，通过电子邮件和在社交媒介上发布或分享信息，我们也在提供帮助。提高的意识能助力，却常常是实际行动的蹩脚替代品。这类运动募集的捐款不在少数，离积极参与解决问题却相去甚远。

电报式话语不连贯，在于其对线性的瓦解及其缩略的语言形式，报纸标题语言、近年推特和社交媒体上的状态更新都是电报式话语。这不是仔细解释或推理论证的语言，而是标语口号和呼叫的语言，常常较为浅薄。引入瞬间传播可能性时，电报及其后续技术崇尚的是新颖、新异、流行、即时、现在。促成了通过延迟来缓解急躁以及现在中心的心态。电报式技术在许多方面使人类社会受益，却最终产生了信息洪水，使人有灭顶之虞，造成信息过载和波斯曼（1992）所谓的“符号大流失”（great symbol drain），重要文化符号因使用过度和委琐化而失去意义了。

电子媒介在美国和西方其他地方取代印刷媒介的主导地位，电报仅仅是开启了这个过程。更宽泛地说，电子媒介通信技术包含电话、无线电波和广播。这些技术的共同之处是，它们依靠作为符号系统的语言，或在口语词的传播中直接依靠语言，或通过书面词的中介，字母表又是摩尔斯电码的中介。对这些媒介而言，传播都依靠口语报告。第二次世界大战后电视的启用是电子媒介成为文化主导媒介的节点，其原因就在这里。这是麦克卢汉（1964）和波斯曼（1979，1982，1985）都强调的一点，这是最激进的变革。电视登场后，语言退居后排，让位给图像，因为电视让我们看见正在发生的事情。口语报告不再是主要的信息源头，而是被压缩为评述，尾随在我们自己看到的图像事实之后。广播超越了口语报告，事件可以通过听觉感知了，广播音乐会即为一例，不过大多数情况下，听者不得不等待播报员的描绘。电视体验和广播报道的差异可见于运动节目，正如翁（1967, p. 316）所言："电视直播运动节目的声音在观众的感知里萦绕。"电视上的口语播报可以舍去，这在橄榄球播报的实验中得到证实。翁还说，即时的感觉位居电视形式的核心地位，"并非所有的呈现都与现实同步，但在一定程度上，所有的电视节目似乎都与现实同步，这种能同步呈现节目的工具界定了自己的影响"（p. 316）。举例说吧，电影用过去时态传递信息，相反，电视用现在时态播报信息，因而充分实现了电报术即时通信的潜力，不仅如此，电视还实现了可称为虚拟在场的潜力。总之，电视会集并融合了摄影术和电报术的分离线头，波斯曼（1985）确认，这是确立娱乐时代的关键所在。

电视图像综合的冲击急剧地改变了美国文化，造成与电视一道成长的婴儿潮时代出生的人和其父母之间的代沟，这一代沟比当前数字原住民与数字移民的鸿沟还要大。麦克卢汉（1964）确认，电视是20世纪60年代和70年代初文化动乱的重要因素，这样的动乱包括青年运动、反文化的兴起、民权运动、反战运动和"水门事件"。波斯曼的学生约书亚·梅罗维茨（Joshua Meyrowitz，1985）说，信息获取的增加导致社会角色疆界的瓦解，男性和女性、儿童和成人的区分模糊不清。沿着类似的路子，波斯曼的同事亨利·珀金森（1991）指出，电视的视听编码，加上其即时性和信息获取机会的增加，使我们的道德感上升，因为电视上不义形象激起的情绪回应方式和印刷术产生的疏离效果是不一样的。波斯曼不否定电视对我们文化的正面效应，但他的立场是，代价远超收益。美利坚合众国以及与之相关的民主理想和实践是在印刷媒介环境里产生的。有鉴于此，在 20 世纪后半叶建成的新的媒介环境里，美利坚文化还能存活下去吗？他的回答是，未来似乎并不十分美妙。电视的即时性和具象性，以及它表征性的符号形式而不是命题性的形式，构成翁（1967）以下断言的基础："电视难以想象地模糊虚构和真实的界限，前所未有。"（p. 315）其他的界限也模糊起来，公共与私密的界限尤其模糊，这两个概念都与书面文化和印刷文化有关系。电视的另一个特定是非连续性，部分是由于电报加速传播的遗产，电报确立即时通信，产生非线性的偏向；部分归因于摄影术的遗产，摄影术拥有表征性内容，缺乏明显的顺序秩序。正如桑塔格（1977）所言，照片用怀旧取代历史，用消费品取代连贯的叙事。电影使这一不足有所缓解，却并未完全缓解；电影容许一定程度的叙事，广播也容许一定程度的叙事，因为它很大程度上倚重口语传播。但非连续性主宰电视，或者是通过广告的插播把叙事变成断片，使之被无关系的一连串断片包围起来；或者是通过更晚近的用遥控器看电视、频繁换台的习惯，有线电视和卫星电视服务的延伸使人在许多频道上的"冲浪"成为可能。质言之，叙事的瓦解表现在大多数电视内容剪辑的快节奏，这有助于通过持续的刺激以维持观众的注意力。结果就再次产生非连贯性和话语形式的降格，这样的话语抓住我们的注意力，却没有重要的内容。

从战后初期至《娱乐至死》问世的四十年里，美国媒介环境继续演化。20 世纪 50 年代，电视普及，成为美国家庭起居室里雷打不动的配置。50 年代末，磁带录像机被用来播放预录的节目。60 年代，通信卫星的革新使地球上任何一点的电视直播成为可能，实现了麦克卢汉（1962）的“地球村”概念。60年代还启用了彩色电视，给电视图像加上实在性和视觉吸引力一个新维度。电视机总体质量和传播信号继续改进，电视机变小、容易移动，也许最重要的是，家庭里的电视机不止一台。电视机曾经是起居室的配置，所以电视起初就成为家庭取向的媒介。但电视机进入家庭的其他地方以后，尤其进入父母和孩子的卧室以后，看电视的时间增加，社会语境对节目的中介作用减少，电视媒介对个人的影响加大。而且，在广播媒介的范围内，利用一切可用频率和全天24小时的广播，节目的选择最大限度地增加了。这一切变革使电视媒介的力量放大，不过，在这四十年间，电视的基本特征并没有发生戏剧性的剧变。

波斯曼撰写《娱乐至死》时，电视已经成为成熟的媒介，几乎完全环境化，成为显性的环境了。大多数学者和知识分子专注于电视内容，有些人还注意内容生产者及其背后的组织，有些人注意受众解读内容的方式，然而，几乎没有一个人注意电视媒介本身。麦克卢汉（1964）很大程度上被摒弃和遗忘了。此刻，波斯曼提出，从印刷媒介到电视媒介的转变戏剧性地改变了公共话语的性质：

> 如果这番话有麦克卢汉警句“媒介即讯息”的嫌疑，我不会否定这样的联想（虽然今天令人尊敬的学者否定这样的联想很时髦，但如果没有麦克卢汉，他们今天会无处发声，默默无闻）。我三十年前读研时邂逅麦克卢汉，他还是不太知名的英语教授。我那时相信，现在仍然相信，他在遵循奥威尔和赫胥黎的传统说话——换言之，他是预言家，我对他的教导坚守不

渝：看透一种文化最清楚的办法就是重视它会话的工具。（p. 8）

20 世纪 80 年代，电视主宰的媒介环境相对稳定，认识独立于媒介内容的媒介冲击是有困难的，但这时稳定性又促成了媒介性质和效应的分析。1964 年，麦克卢汉只能进行初步的探索，二十年后，波斯曼能就电视的冲击作出一些结论了。然而，电视媒介环境的稳定性是短命的，因为电视媒介在这几十年里继续演化，尤其在用上有线电视和卫星电视以及近年向数字广播和高清显示转变以后，广播电视的重要性日益减弱。也许最重要的是，通过有线电视、卫星电视和互联网以及按需定制服务，可供观众使用的电视频道和内容资源急剧增加。媒介继续变化，但波斯曼对电视的批判分析并不停留在电视服务的稀缺上，和当代的数字传输相比，模拟传播信号的传播受局限、质量差。实际上，波斯曼的立场是，如果电视少些而不是多些，我们的处境将会好一些。对欧洲观众来说，由于欧洲政府强有力控制广播而不是将其拱手让给私营企业，波斯曼告诫欧洲观众，不要以美国为榜样（见 Postman，1988）。国家控制广播时，政府在内容的类型、品质和数量上对电视进行限制，且关注公共利益而不是使受众和利润最大化。虽然这会引起对政府控制和审查的担心，但波斯曼（1988）指出，私营广播等于企业利益对电视的控制。实际上，为了最大限度利用这种媒介，私营企业放任注意力为中心的偏向，转向吸引人的视觉资料，戏剧性呈现，刺激、新奇和容易消化的内容，尤其是娱乐性的内容，即使有些内容对公众和文化有害。

但电视的扩张继续不断、毫不减弱，这只是 1985 年以来电视媒介环境变迁故事的一部分。在20世纪80年代，个人计算机日益普及；在90年代，互联网和万维网爆炸性发展，进入大众意识；在21世纪的第一个十年里，社交媒体成为下一个大热点，紧随而至的是移动通信设备。波斯曼的《技术垄断》论及其中一些变革，他指出：

> 技术垄断兴起之后，传统世界观随之消失。技术垄断清除任何替代它的选择，奥尔都斯·赫胥黎在《美丽新世界》（*Brave New World*）里对此作了精彩的勾勒。技术垄断并不使其他选择不合法，也不使它们不道德，亦不使之不受欢迎，而是使之无影无形，并因而失去意义。为此目的，技术垄断重新界定宗教、艺术、家庭、政治、历史、真理、隐私、智能的意义，使这些定义符合它新的要求。换句话说，技术垄断就是极权主义的技术统治。（1992，p. 48）

波斯曼说，技术垄断只发生在美国（这一立场可以争辩），始于20世纪初弗雷德里克·泰勒[1]的科学管理体系。正如艾吕尔（1965）所言，技术和技艺关心的是如何找到达成既定目标的最有效手段，但在技术垄断里，效率是唯一被认真对待的价值。比如，如果你想要拯救雨林，成功的论述就需要沿着雨林作为地球有效制氧机的功能展开，或者它作为生产新药的高效生物工厂的功能展开。相比而言，如果论证说，拯救雨林是因为这样的环保是固有的善，或者是因为它是上帝创造世界的一部分，那就不可能很有效了。请考虑老布什

〔1〕 弗雷德里克·泰勒（Frederick Taylor，1856—1915），美国发明家、工程师，创立科学管理制度，被誉为“科学管理之父”，著有《科学管理原理》《论传送带》《计件工资制》等。

总统用道德理由来限制干细胞研究引起的一片哗然，反对者解释说，这会阻挠医治疾病和残疾的进步。即使你同意奥巴马总统推翻这一政策的抉择，但重要的是承认，这代表着技术命令的胜利。欲进一步了解波斯曼《技术垄断》的政治和道德意涵，请参见唐纳德·N. 伍德（Donald N. Wood）论民主之未来的有说服力的两本书《后知性主义和民主的衰落》（*Post-Intellectualism and the Decline of Democracy*, 1996）和《西方的解体》（*The Unraveling of the West*, 2003）。此外，波斯曼的另一个学生彼得·法伦（Peter Fallon）的《媒介形而上》（*The Metaphysics of Media*, 2010）也论述了技术的伦理意涵。

在一定程度上，《技术垄断》回应《娱乐至死》的一些批评者，他们赞同波斯曼指认的症状，但认为，我们不能参与严肃的公共话语的根本原因，是我们的经济政治安排，而不是电视这一媒介。然而，广告为技术社会宣传，因为消费品和服务本身就是技术，广告的总体讯息是促进解决我们面对的一切问题和需求。在《技术垄断》里波斯曼显示，技术决定论既非必然结果，也非历史通论，而是我们自愿闯进的特殊情况。即使并非完全有意识放弃我们的责任，至少是恣意放弃责任而引起的。我们本该制衡技术革新，保存并维护传统和人文价值。如此，电视之所以产生了那样的影响，那是因为我们让它控制我们的生活和文化。波斯曼看见的 20 世纪 80 年代和 90 年代初的新信息技术也应该受到制衡。此外，《技术垄断》还担心信息超载，因为过多的信息压制我们处理信息、评估信息或弄懂信息的能力。过多的信息引起一致性的丧失，使人失去对超越性价值、神话或意识形态的信仰，而这些信仰是凝聚社会之所需。作为《娱乐至死》的补充，在 20 世纪 90 年代，波斯曼在若干场合讲《信息至死》(*Informing Ourselves to Death*)，并解释说：

> 我相信，你们不得不承认，在文化和个人层次上使我们烦恼的、很痛苦的东西和计算机给我们提供的信息都没有关系。计算机及其信息并不能回答我们需要解答的、使生命更有意义、更有人情味的任何根本问题。计算机不能提供使道德组织有序的框架。它不能回答什么问题是值得考问的。它不能提供理解以下问题的手段：我们为何在此，为何互斗，为何体面行为常常与我们失之交臂，尤其在我们最需要它们的时候。在一定意义上，计算机是一种华丽的玩具，分散我们的注意力，使我们不能面对最需要面对的问题——精神空虚、认识自己以及对过去和未来有用的概念。你要因此而责怪计算机吗？当然不能。毕竟，它只是一台机器。然而，它呈现在我们面前时，吹吹打打，而且被吹嘘为技术救世主。(无页码)

在这里，波斯曼把计算机当作技术和媒介来处理，并断言，我们要警惕技术吹鼓手，他们要我们盲目接受技术，鼓吹技术只有裨益，没有代价。波斯曼指出，20 世纪 80 年代和 90 年代的所有新技术似乎都在劝说消费者采用新技术，因为它们赋予人前所未有的信息，信息缺乏的问题早已解决了。

技术统治(technocracy)可以被理解为印刷文化的结果，电子媒介尤其电报和无线电使社会发展加速，技术垄断(technopoly)随之而起。速度和效率是亲密的同盟，数值与测量密切相关。正如上文所述，数学的发展倚重符号体系，与文字和字母表密切关联。据霍巴特和希夫曼（Hobart，Schiffman，1998）所言，印刷革命带来的知识爆炸需要管理信息的新方法，导致17世纪莱布尼茨[1]和牛顿发明的微积分。同理，19世纪的通信革命被视为1854年乔治·布尔（George Boole）代数逻辑的先导，而布尔逻辑又奠定了20世纪中叶克劳德·香农[2]信息论的基础。与此相似，詹姆斯·贝尼格（James Beniger，1986）认为，工业革命使技术和技艺的开发成为必需，以管理新的机械技术，导致他所谓的控制革命。比如，我们不能低估赫尔曼·何乐礼（Herman Hollerith）在穿孔卡基础上发明的机械制表机。起初它被用于1890年的人口统计，使统计工作一年内得以完成。相反，1880年靠手工进行的人口数据统计整整花了八年。何乐礼的公司与其他两个公司合并，结成国际商用机器公司（International Business Machines，即IBM公司），国际商用机器公司成为20世纪领头的计算机制造商之一。在20世纪，通过数学和力学的发展，走向世界量化的趋势增长，从而加速了始于20世纪40年代的数字计算机的开发。珀金森（1996）指出，基于计算机的量化使我们成为厌恶风险的社会，因为它持续不断地确认不能完全消除的新风险。在《娱乐至死》里，波斯曼提及“我们现代人把真理和量化画等号”（p. 23）；在《技术垄断》里，他批判唯科学主义（scientism），包括“唯科学主义不仅是技艺的滥用，比如对数字没

〔1〕 戈特弗里德·威廉·凡·莱布尼茨（Gottfried Wilhelm von Leibnitz，1646—1716），德国自然科学家、哲学家、数学家，在理科和文科许多学科中产生了广泛的影响，在17世纪末、18世纪初德国的知识界占据主导地位。

〔2〕 克劳德·香农（Claude Shannon，1916—2001），美国应用数学家、美国国家科学院院士，长期供职于贝尔实验室、麻省理工学院，首创信息论（1948），提出信息熵的概念，著有《通信的数学理论》等。

有发言权的那种问题进行量化”（p. 161）。

我在上文里说，波斯曼批评的娱乐至死和信息至死、电视和电脑、娱乐和信息的两条线可以被这样理解：这是对两种极端语言传播的抨击（Strate，1994，2011）。对极端语言传播的批评是在印刷时代实现的，其背景是口语文化和书面文化的平衡、口语和文字的平衡。现在，我们面对的是艾吕尔（1985）所谓的语词遭受羞辱。艾吕尔的批评遵循与《娱乐至死》相似的线路。他的矛头指向图像文化构成的威胁，图像文化的功能之一是宣传的延伸。他主要批评技术指令和效率，技术指令和效率又是数字游戏；量化代表着把语词拉下马的另一种符号系统。我们只剩下超现实（hyperreality）和超理性（hyperrationality）两个极端；图像使我们感到愉悦；同时在幕后，社会却根据数字来运行，没有给质化的、人文主义的评价留下空间。我们再次回到失衡的问题；在电视和技术垄断的时代，印刷时代实现的相对平衡失去了。

印刷时代的终结并不意味着，在我们的新媒介环境里，个人不再阅读和写作，而是印刷成了波斯曼所谓的“残存的认识论”（residual epistemology）（1985，p. 28），从属于电子媒介，一定程度上被改变并被其污染了，尚不提近年迅速衰落的出版业。有些人希望，个人电脑和互联网能在一定程度上恢复早期的平衡，那是基于文本的界面和传播的平衡；他们希望，互联网引发个人出版的革命，社交媒体产生一种新的虚拟公共空间（如 Levinson，1999，2013）。在本书的序中，我指出社交媒体使我们获益良多。但从波斯曼的批判路径来看，社交媒体似乎给我们提供了一种新的电报式话语，而不是波斯曼珍惜的说明文。电子文本阅读往往遵循注意力中心的范式，在扫描或超文本链接中一目十行，跳跃前进。线性是这种表达形式的牺牲品，另一个牺牲品是连贯性。书面文本复归手抄本常态，文本不再固化于印刷形式中，而是容易修改更新，赋予人能力上的优势：纠错、合作和更新（向速度点头致意），却又打击连贯性，使文本失去稳定性。和专家编撰的参考书相比，维基百科词条并不逊色，这是事实，但偏离一个事实：依靠维基百科的真正问题并不是其中刻意或无意的错误，而是在于，任何人从维基网页上引用的东西是可以随时在网页上被修改或删除的。此外，在线写作的互动和社交产生的文本是非正式的、会话性的，相当于次生口语，同时，它又导致内容质量和风格品质的缺失。尼古拉斯·卡尔（Nicholas Carr）受波斯曼启发，写了一本书《浅薄：互联网如何毒化了我们的大脑》（*The Shallows: What the Internet Is Doing to Our Brains*, 2010）。他说，“我们沉溺于非正式和即时性的愉悦之中，导致表达力的窄化和雄辩力的失落”（p. 108）。他接着写道：

> 无疑，电子书的连接性和其他特征给人以新的愉悦和消遣……但由此付出的代价是，独处的作家和独处的读者亲密的思想依恋将被弱化，即使并非一刀两断。尾随谷登堡发明而流行的深度阅读习惯将会凋谢，很可能成为小群萎缩精英的领地。换言之，我们可能要回归历史上曾有的常态。（p. 108）

有关谷登堡时代终结的著述不在少数，与之一道失去的是个人为工作和玩耍而依赖阅读和写作的程度，以及所涉及的阅读和写作的深度。卡尔（2010）所谓的深度阅读指的是，长时间聚焦并注意长篇文本（比如与网页相对的图书）的阅读。此外，我们还可以讲一讲深度写作。请考虑两种文本的差异：口授记录未经编辑的文本和经过长期研究、草拟、修订和编辑而产生的文本。若两种文本阅读所需时间相等，深度写作的文本代表着浓缩的时间、思想品质的蒸馏，这是任何其他媒介难以匹敌的。正如尼斯特洛姆（1987）所言，书面词是纯净思想、纯净心灵的延伸和表达。这是最能接近心灵的阅读。

但心灵本身并非不受这一切的影响。也许，最令人吃惊的是，近年的研究显示，大脑的结构和功能都因读写能力的获取而被改变，改变的结果随所用文字的类型而有所差异。玛丽安·沃尔夫（Maryanne Wolf）在《普鲁斯特和鱿鱼：阅读思维的故事和科学》（*Proust and the Squid: The Story and Science of the Reading Brain*, 2007）里写道：

> 阅读之所以能被学会，唯一的原因是大脑的可塑性设计。阅读发生时，个人的大脑被永远改变，生理上和精神上都被改变。比如，在神经层次上，阅读汉字文本的人使用一套神经元连接，这一套连接和阅读英语文本所用神经通路大不相同。汉语读者尝试阅读英语文本的初期，他们的大脑试图用基于汉字的神经通路。学习阅读汉字的行为实质上形塑汉字阅读的大脑。与此相似，很大程度上，我们如何思考及思考什么以我们阅读生成的联想为基础。（p. 5）

研究还显示，用电视和电脑及其屏幕工作会改变大脑的结构和功能。比如，熟练使用电脑的人用谷歌搜索时动用一套神经网络，生理学家加里·斯莫尔（Gary Small）和吉吉·沃尔根（Gigi Vorgan，2008）认为，这套神经网络包括的大脑脑区

> 控制我们决策和整合复杂信息的能力。这套神经网络还控制我们整合感觉和思维的过程，以及我们的工作记忆，即我们短时间内记住信息的能力——记忆时间长到足以管理互联网搜索任务，或完成按电话号码簿拨一个号码的能力。（pp. 16—17）

接着他们指出，"我们的高技术革命使我们一头扎进持续的局部关注状态"（p. 18），我们不再关注我们环境里的任何东西，而是随时警惕地注视着我们手里的小玩意，查看传给我们的讯息和数据。这是比执行多任务的状态更分心的状态。我们随时寻找新信息带来的刺激。霍华德·莱茵戈尔德（Howard Rheingold，2012）指出，我们收到并打开新讯息时，往往屏住呼吸，这是一种对生物战斗或逃亡的回应。我们上网的很多活动好比是电子形式的狩猎和采集，激活大脑和身体某些长期不用的部分。在这里，麦克卢汉（1964）又直觉地感到，我们成了电子时代的狩猎者和采集人，在电视里看到电子媒介让人介入和参与到大环境里的潜在功能。但这一状态的到来又需付出代价，谢莉·特克尔（Sherry Turkle）在《群体性孤独：为何我们对技术的期待胜过我们彼此的期待》（*Alone Together: Why We Expect More from Technology and Less from Each Other*，2011）里解释说，因为我们分割注意力，因而使我们的关系淡化，社交媒介和移动设备在许多方面增加了我们联系的潜在可能，但它们未必

能改进我们进行有意义交谈的能力（又见 Maushart，2011；Rose，2003；Sternberg，2012）。

电子媒介对大脑和心智能力以及人际关系的影响意义重大，波斯曼肯定想要我们觉察并关心这些影响。但他关心的主要是公共话语的性质、文化的健康和社会的未来。在《娱乐至死》《技术垄断》《教育的终结》和《修建通向 18 世纪的桥梁》里，他反复回归催生美利坚合众国的启蒙运动的理想，要我们考虑，印刷文化催生的民主及对语词的敬重在电子媒介时代是否能存活下去。也许，与其问民主和对语词的敬重“是否能存活下去”，不如问它们“活下来了吗？”

第二部

第五章　不连贯的新闻

在《娱乐至死》里，波斯曼单挑"好了，现在…………"（Now this···）这一口头禅，将其作为电视新闻不连贯的标志。新闻主播常常将其作为连接，造成转折，把两个毫无关联的片段，或者是两则在内容或情感基调上完全无关联的新闻，甚至是一则新闻和一则广告连接起来。如果你不熟悉这一口头禅，或者你已经很多年没有听见它了，你可以给波斯曼记一功，他羞辱这一口头禅，使新闻主播被迫放弃用这一口头禅掩盖新闻播报方式里固有的非连续性的浅薄尝试。如今，"好了，现在……"这一口头禅可能不再使用了，即使我们的媒介环境已经变了，但它反映的偏向仍然存在。

1985年，电视新闻由三大广播电视网的新闻主播把持，哥伦比亚广播公司（CBS）的是丹·拉瑟（Dan Rather）、美国全国广播公司（NBC）的是汤姆·布罗考（Tom Brokaw）、美国广播公司（ABC）的是彼得·詹宁斯（Peter Jennings）。爱德华·R. 默罗（Edward R. Murrow）、切特·亨特利（Chet Huntley）、戴维·布林克利（David Brinkley）和沃尔特·克朗凯特（Walter Cronkite）这些新闻主播先驱的能力不尽相同，其中克朗凯特被誉为在美国最受信赖的人。他们的后继者在20世纪的最后二十年里给新闻节目带来了一定程度的稳定性。在包含八分钟广告的三十分钟晚间新闻节目里，他们扼要介绍当天的新闻，这些新闻成为美国公众的新闻源头。美国公共电视台（PBS）播出了自己的新闻节目，即《麦克尼尔—莱勒新闻一小时》（*The MacNeil-Lehrer Newshour*），其长度为三大电视网新闻的两倍，而且不插播广告，这一相对高质量的新闻播报吸引了波斯曼（1985）所谓的“微型受众”（p. 106）。人数略多的晚间观众收看《夜线》（*Nightline*），这档节目是电视网新闻的重要补充，主播是泰德·科佩尔（Ted Koppel），1979 年开播，时长半小时，含焦点新闻和一个专题讨论，不过它仍要插播广告。

差不多三十年后，电视网新闻衰落。24 小时的有线电视新闻网和在线新闻网站问世，晚间新闻节目失去了美国文化的中心地位。如果更好一点的东西替代了它们的地位，波斯曼可能会欢迎这一发展。不过，即使有这样的替代，那也会有代价：失去在电视时代早期把全国凝聚起来的共享信息环境的一部分。通过那一共享的环境，我们全国人民哀悼约翰·肯尼迪、马丁·路德·金和博比·肯尼迪（Bobby Kennedy），反对种族隔离和其他形式不平等的公愤催生了民权运动所需的支持，政府误导公众秘密的揭露使全国人民反对越南战争，我们亲历“水门事件”和伊朗人质危机的羞辱和义愤（Meyrowitz，1985；Perkinson，1991）。可能出现在 20 世纪 80 年代的电视新闻性质的问题，在继后的几十年里，由于经费的削减而更加严重，且接替拉瑟、布罗考和詹宁斯的主播未必有与他们相同的硬新闻（hard journalism）背景。

也许，哥伦比亚广播公司 2006 年选用凯蒂·库里克（Katie Couric）担任晚间新闻节目主播这一举动最富有争议。上一年，丹·拉瑟因陷入乔治·W. 布什（George W. Bush）国民警卫队服役的一则丑闻中，被迫辞职。据说，那篇报道的根据是小布什的中队长提供的文件，而一位博主断定该文件有假，因为文件的比例字体是 20 世纪 90 年代中期才普遍使用的，而小布什在 1973 年就结束服役了（请注意这里的新媒介扮演批评大众媒介的角色）。拉瑟及其团队无法证明文件的真实性，处境很尴尬。短期启用鲍布·希弗（Bob Schieffer）掌舵以后，哥伦比亚广播公司转向凯蒂·库里克，目的是重新赢得听众的信任，尤其要吸引年轻听众。库里克成为电视网晚间新闻的第一个女主播，众所周知，女人打进广播电视新闻圈子是有难度的。除了大多数职业里性别歧视的标准烙印之外，行政主管曾相信，观众不会严肃对待女性新闻主播，因为她们的声音不够低沉。换言之，严肃的标准是戏剧性的，并不是建立在逻辑而连贯的说话能力的基础上。虽然女人能克服这一偏见，但是我们仍然发现，男性主播和男性记者的嗓音就是要低一些。然而，库里克要克服的不只是观众残余的性别偏见，在职业生涯大部分时间里她在美国全国广播公司主持轻松的早间新闻节目《今日秀》（*Today*），在此确定了活泼的形象，这和预期的主播风格类型不一致。她是否很够格担任主播是有争论的，同样，继承布罗考的布莱恩·威廉姆斯（Brian Williams）是否称职也有一辩。几乎可以肯定的是，有更加优秀的人没有被选中，那是因为他们被认为不太适合上电视。姑且不论电视给人形象的增减，库里克在《今日秀》成功的活泼形象使她的转型非常困难。连续五年的低收视率说明，她被委派了不恰当的角色。因此，她离开了哥伦比亚广播公司。

作为对照，请注意，虽然过去存在性别歧视，女性能够而且确实在印刷品里露面，在文学界获得了极大的成功；如果需要，她们可以用笔名掩盖性别，以便让作品的品质成为唯一的评判依据。同样，人物的种族特征在印刷品里并非一望而知，但在电视摄像机前露面时就成了问题。明显的例子是，1980 年有线电视新闻网（CNN）开播时，非洲裔美国人伯纳德·肖（Bernard Shaw）被选中担任主播，这是电视新闻的创举，但并没有产生那么重大的冲击，因为彼时有线电视尚未被广泛采用。同样有趣的是，自从宗毓华 20 世纪 90 年代在哥伦比亚广播公司短期成为双主播之一后，广播公司对亚裔美国女性担任新闻主播要职就感到舒适了，基本原因是她们聪明认真的刻板印象。其他因素也起作用，比如相较于男性，年纪的因素对女性更不利，且这个因素的影响至今存在。体重对上镜也重要，偏重的人常被委以陪衬的角色，比如评论员。奇怪的是，头部大小是电视摄像机的另一个因素，鉴于摄像机的运行方式，它突出紧贴镜头（含特写镜头），头颅偏大的人在电视上的效果比真实生活里的效果好。照相上镜和电视上镜的人在脱离镜头直观时未必也特别漂亮，所以有人说：镜头爱你！ 此外，头发有特别的意义——你能举出秃头的新闻主播吗？总体上，观众喜欢看漂亮的人，除了极少例外，这就是我们在电视新闻里看见的人：漂亮，但又不是太漂亮，因为他们的颜值不能有损他们需要传达严肃的形象。

作为视觉媒介，电视偏爱紧贴镜头，它把我们拉近，显示个性，激发准社交关系，使我们体会到与真人亲密关系的幻觉，主播以亲切方式对我们说话时，准社交的互动支持这样的幻觉（Horton，Wohl，1956）。主播对我们播报时比较正式，但近镜头使他们进入非正式、个性化的空间（Hall，1966）。他们把我们当作个人，而不是群众。同样的说话方式也是运动节目主播的特征，脱口秀、游戏、真人秀的主持人也有这样的特征。在电视新闻里，主播是明星，上镜是他们的任务，重要的是他们的信誉，信誉的根据是他们的表现，他们履职行为的质量。这使口语文化的特征得以再现，评价个人讯息时要考虑个人的气质、品格与声誉（Aristotle，1954）。文字实质上分离攻击和攻击者，最终揭示人身攻击的谬误（ad hominem fallacy），但视听传播方式报复文字传播，使人身攻击的谬误回归了。

电视新闻播报是一种表演，是娱乐业的一种形式，有一套预设的宗旨，旨在传达目的的严肃；有一帮跑现场搜集信息的记者，采用前沿技术。虽然背景中有货真价实的工作，但演播台上的置景和道具营造的氛围给观众留下某种印象。主播阅读提示词；其妆容、服装和发型都有人精心打理。偶尔，主播会去现场拍摄。现场在田野采访中常见，但那个地点不过是橱窗而已，仅仅显示广播人在现场。除了广播人的解说，现场并没有任何其他信息，而播报是可以在任何地方进行的。如此，置景也用来生成信誉，这是与播报本身提供的逻辑和证据相对的举措。控制室常常利用工业光魔（Industrial Light & Magic）生成的特效。最先进的特效用在大选之夜的报道。此外，波斯曼（1985）问道，为什么新闻节目需要主题音乐？

地方新闻节目愿意自我调适以适应电视的娱乐偏向，故恶名在外。其新闻团队以镜像处理家庭情景喜剧的结构，辅以轻快的玩笑。地方政治进程的枯燥使内容退居后排，让位给丑闻和流言，尤其名人八卦；流言蜚语和名人八卦在吸引观众方面对地方台非常有用。吸引观众最有效的节目是罪案报道，埃里克·古德曼（Eric Goodman）发布的YouTube视频《现场如是说》充分说明了“好了，现在……”这句口头禅。保健和安全威胁的告诫也是地方台着力的重点，煽起的恐惧成为地方新闻的首要吸睛点，我们的社会之所以饱含厌恶，罪案、保健和安全威胁的报道起了很大的作用（Perkinson，1996）。

地方新闻也许是最恶劣的犯事者。至于电视网新闻和有线电视新闻，其挑选和优先安排的内容也是以吸引观众为基础，尤其以视觉诉求为基础，并不按题材的重要性和内容的逻辑性来优先安排。电视行业里有一句名言："凡有流血，必为头条"，这言简意赅地说明了电视新闻里运行的优先体制。如果有好的视频用来播放，那就会压倒其他标准，原因正是：它能吸引观众的注意力，引起强有力的情感回应。伴随"凡有流血，必为头条"的是社论判断的扭曲。此外就是纯粹的重播。录像带反复播放，赋予它完全超乎实际意义或价值的重要性，迫使观众重温那心灵创伤的时刻。

电视新闻的视觉偏重导致政府外观的扭曲，比如国会在电视网节目和有线电视节目里就报道得不够多，州议会和地方政务会在地方电视节目里也报道得不够多。观众很难在电视上看到议会的大特写，以及投票表决过程拖长，几乎完全失去电视屏幕上戏剧性的观赏效果。我们偶尔在新闻节目中看见一个参议员投票或众议员讲演——当然不是从头至尾的讲演，而是掐头去尾的片段。我们更可能看见记者招待会上的假性事件，比如为记者和摄制组的方便而安排的摆拍，那比国会议事过程的录像效果好。当然，国会在传播环境里议事，旨在促成对议员的公共讲演，他们在物质空间里，人就在现场。这样的环境，无论圆形会场、讲座厅或教堂，都难以适合电视摄像机，因为摄像机镜头喜欢一人特写和双人特写。因此，我们看不见参议员或众议员议事的大场面，而是更多地看见镜头对准议长一个人。这样的呈现高度扭曲政府外观，立法、司法和行政的三权平衡被扭曲了。我们在电视上几乎从来就看不见最高法院的运行状况，听不见法官说话——我还用得着加上这个问题吗？电视还把总统转化为首席名流，不是遥不可及的权威人物，而是非常熟悉的面孔。在电视上，分隔政治领袖和政府官员，君主和独裁者，商务主管和宗教领袖，演员、歌手和其他演艺人的界限都消融殆尽，因为他们全都简约为名流的公分母了。对名望的迷恋驱动《今夜娱乐》（*Entertainment Tonight*），这是对晚间新闻节目和名流八卦娱乐新闻网 TMZ 的补充（欲知更多对名流的论述，可参见 Boorstin，1978；Strate，2008b）。

2001 年的“9 · 11”事件，尤其世界贸易大厦的倒塌常常被指为史上最广泛的灾难。飞机扎进双子塔、塔身的大缺口、烟雾与火光、大楼最后的崩塌等震撼、恐怖的图像，都融入了公众的头脑。然而，超越事件本身的是我们许多人的冷静思考，看过视频后，许多人的反应就像看用大量特技描绘大规模毁灭的电影大片，如科幻片《独立日》（*Independence Day*）造成的恐慌一样。一方面，这样的言论反映了人们对事件难以置信的感觉，与此同时它们又诉说，我们与视频有何关系、虚构与事实的边界是如何模糊。实际上，电影以及动画的复合运用成了衡量其他一切视觉媒介的试金石（见 Gabler，1998）。倘若那些恐怖主义袭击几年后才发生，手机有了录像功能，那些事件的报道将会广泛得多。

如今，几乎人人都随身携带能拍照和录像的移动设备。这一事实有助于新闻媒体，但对专业摄影师和录像师来说却是灾难。2013 年 5 月 31 日，许多人惊讶地发现，《芝加哥太阳报》解聘了所有的全职摄影师，其中包括一个普利策奖得主和其他一些很受尊敬的摄影记者。用数码相机武装起来的公民付出的代价就是专业摄影师的丧失。不过，更大的损失是，这些业余的图像和录像把语言交流对话驱逐殆尽。把视频上传到 YouTube 是一回事，但新闻媒体依靠 YouTube 报道，把更多的播放时间给予业余视频，那就完全是另一回事了。近年来，有线电视频道表现得特别明显，意外事件发生时尤其如此。随着业余录像和来源于警车上、大路旁、公路上的摄像头的正式录像相结合，摄像头的抓拍成了一种新的新闻节目，其唯一理据是搜集并呈现视频剪辑，以吸引收视者的注意和兴趣。如此，新闻业就沦为《美国家庭搞笑录像》的副产品了。

讽刺的是，电视上和有线新闻上，文本用得更多了，不过文字被贬到从属于图像的地位。重大新闻报道常常被赋予吸引人的题名，比如，“9·11”事件的新闻报道很快就用上了“美国遇袭”的标题。这给人一定程度的安慰，我们给事物命名的能力给人以控制事务的印象，但用波斯曼（1985）的话说，这又相当于将其置于没有语境的语境。电视新闻的标题好比是报纸新闻的标题，这是印刷媒介较早的注意力中心元素；一旦目光扫过标题，读者很快就深入故事，标题就被忘记了，标题的功能是把读者引入故事。但电视新闻节目的标题停留在屏幕下方，直至报道结束，所以其效应是连续性的。报纸标题被读者用上一次，随即被抛弃，相反，电视新闻的标题被反复使用，直至报道结束，继后的报道开始，这就造成连续性的感觉，同时又造成了没有语境的语境。超越标题提供的虚假的连贯感，我们无疑看到其中电报式话语的当代缩略而简化的形式，暗示我们对事件的了解多半是通过简洁的口号式标语，而不是长篇大论的文本。

“9·11”事件还导致有线电视新闻采用屏幕下方滚动的字幕，将其作为补充的信息源。我们可以将这一做法的历史追溯到股票行情，那是电报和印刷技术的结合，被用来向股民通报股价信息。自19世纪70年代起，这一手法被广泛用于金融部门，直到最后因互联网的问世而过时。电子显示的新闻滚动条首先出现在建筑物的外墙上，引人注目的是1928年《纽约时报》总部的外墙上。在播报电视新闻时，新闻字幕偶尔用来提供重要事件的信息，但其重要性不足以值得中断播报。有线电视的专业金融网络启用持久滚动的字幕，例子有财经新闻网和全球性财经有线电视卫星新闻台（它1991年收购了财经新闻网）；和起初的股票行情一样，这样的滚动字幕用来展现市场活动。“9·11”事件以后，电视新闻采用了滚动字幕，让刚刚开机的观众很快获悉最新的动态：这是公民需要并想要信息的特殊时刻。虽然滚动字幕实际提供的信息有限，但它的确是合理的。“9·11”事件以后，滚动字幕保留下来，因为它继续发挥吸引观众注意力的功能，使人少换频道。滚动字幕本身是电报式话语的另一个例子，基本上是起标题的作用。对股票行情而言，这是好的，因为它毕竟是纯粹的信息，但它不给观众提供关于滚动新闻片断的任何解释或语境。滚动字幕和屏幕上的主要内容几乎毫无关系，给观众同时呈现的是全然不同的讯息，分散了我们的注意力。由此可见，滚动字幕呈现当天众多事件非线性、不连贯的图像，还可能产生信息过载的感觉。

《娱乐至死》出版时，人们常说电视新闻不能提供深度报道，事实是：晚间新闻节目被限定在半个小时里。24小时全新闻频道的想法似乎暗示克服这一不足的可能性。这一理念始于1980年的有线电视新闻网，它独立运行，相对默默无闻，直到1991年，它成了海湾战争一开始就在巴格达现场直播的唯一新闻网。它证明，有线电视新闻网在吸引观众方面相当成功。于是在1996年，两家电视网加入全新闻频道的竞争，它们是微软全国广播公司（MSNBC）和福克斯新闻网（Fox New Channel）。由于有线系统的增多，频道性能扩张，有线电视选项日益受欢迎。但"9·11"事件又成为重要转折点，因为以纽约为基地的网络新闻广播被搅乱了，24小时的有线电视报道回应了我们的急需，我们感到有必要随时监察时局及其后果。这就加速了一个本已出现的渐进过程——晚间新闻节目观众的分散，以及CBS、NBC和ABC三大广播电视网的衰落。但新的三大有线电视网CNN、Fox和MSNBC与其说是取代旧的三驾马车——有线电视网的收视率难以匹敌广播电视网的收视率，不如说是一个新时代和新闻业新模态的标志。

但面对提供24小时新闻节目的前所未有的机会，各家有线电视新闻网又做了什么呢？在新闻报道上，它们的答案或多或少是相同的。实际上，大多数人收看有线电视的时间有限，为了不至于失去观众，它们往往用重复新闻取代深度报道，凡是看有线电视超过半小时的人都可以证明这一点。而新闻报道本身短小，也是因为担心观众失去注意力。视频录像常被强调，有线电视上的主播和播音员比广播的同行更漂亮。当然，与电视媒介偏向对着干的可能性也是存在的。一个极好的例子是电缆卫星公共事务网（C-SPAN），它直播联邦政府的审议程序，包括国会从头至尾的论辩程序。电缆卫星公共事务网无疑显示了有线电视发挥监察政治环境的潜力，但就像PBS分享其公共服务的《新闻一小时》（*NewsHour*）一样，电缆卫星公共事务网的受众规模很小。

有线电视网三巨头与传统电视网反向而行并发现，实际上以广播电视网的格式为基础，靠提供更多娱乐节目，自己也能吸引更多的观众。至于内容，三巨头也背离传统电视网的一种做法，即避免表露政治偏向以吸引尽可能多的观众。Fox 率先公然向共和党和政界的保守派发出诉求。MSNBC 予以回应，扛起自由派的事业，认同民主党。面对这两家的不同，CNN 试图用人民的网络给自己定位，但面对下滑的收视率，最近它转向了轻量和轰动的内容。一方面，新闻的客观性一直是不切实际的理想；另一方面，记者力图抑制自己的意见和偏见，描绘性地记述新闻，维持了公共服务的责任感。有线电视网三巨头讥笑 Fox“公正而平衡”的口号，斥之为愤世嫉俗的自我推销，实则刚好相反——这是老掉牙的竞争手法。不过，我们可以把这样的发展动态视为后书面文化、后印刷文化的另一种表现。客观性的理想与现代科学密切相关，和个人能与研究对象拉开距离的理念也有密切的关系。个人特质的消除反映了印刷媒介的特征，在印刷媒介里，个人手书的痕迹都不见踪影了。批评者一直认为，新闻业客观性虚假形象的作用是为他传播主导意识形态角色披上了神秘的外衣，而 Fox 和 MSNBC 强烈的政治倾向并不为当天的问题提供多少必要的语境、分析或解释。相反，这些有线电视新闻网向我们提供的是意见，包括专家意见、内幕意见和权威意见。这不是印刷媒介、政党纲领和宣言等出版物或党派报纸原本意义上的意识形态，不是一种整合的思想体系，而是政治偏向的表达，通常针对其他政党的成员。实际上，反对党的立场被污名化，即使反对党的立场与对立政党成员的立场是相同的。正如波斯曼（1985）所言：

> 我们已经彻底适应新闻界的“好了，现在……”这句口头禅——这是一个碎片化的世界，事件彼此独立，它们与过去、未来的关系被剥夺殆尽，与其他事件的关系也被剥夺殆尽——一切连贯性设想都无影无踪了。如此，矛盾也无影无踪了。在没有语境的语境（context of no context）里，矛盾消失得一干二净。既然矛盾消失，在总统过去和现在言论的清单里，还有什么值得感兴趣的呢？（p. 110）

1985 年，公众似乎不关心政治领袖言论的矛盾，广播新闻记者发觉这样的情况令人沮丧和困惑。一致性是印刷文化的另一种表现，近三十年后，许多有线电视新闻记者不再考虑一致性了。请大家回忆《第一修正案》对新闻言论自由的保障，其初衷是确保意见和观点公开交换的可能性。其基础是逻辑和理想，其诉求是证据，以确保一个思想自由交换的场所，且显示为明确的深思熟虑，借此让有文化、有思想的个人判定最佳行动方案。而意见的表达和交换是交谈的开始，是真理的搜寻，目的有二：一是事实的判定（是否有争议）；二是政策的判定，也许是建立在协商解决基础上的决策。现在，我们来比较《第一修正案》的初衷和如今有线电视新闻节目上典型的“讨论”（如果能这样命名的话）。后者的意见常常建立在情绪上，而不是理智上，那一切“讨论”关心的是选边站、输赢，而不是达成妥协。上节目的人准备了要点，要对方接受，而无意聆听和考虑对方说的话，无意寻求共同点，遑论问题的解决。

在我们的后现代文化里，意见的表达不导致解决问题、达成一致甚至谈判，相反，它们导致的结果是，你说你的，我说我的，就这样了。说出意见并不是交谈的开始，而是对话的结束。最重要的是分歧和冲突。电视是戏剧性媒介，冲突提供令人兴奋内容的形式，相当于“世界摔跤联盟”改名为“世界摔跤娱乐”。这非常突出地体现在有线电视网晚间的谈话节目中，最成功的是比尔·奥雷利（Bill O’Reilly）的节目《奥雷利因素》（*O’Reilly Factor*）。在有线电视新闻这一面我们看见回归口语文化的一个方面，翁（1982）用对抗的调子描绘这种回归的口语文化，在各种因子中，回归的口语文化偏爱斗争的因子，包括物理的和语言的因子。

当然，在吸引观众方面，什么也比不上突发新闻，直播在镜头前展开的突发新闻最吸引人。对 24 小时新闻频道而言，突发新闻特别有价值。然而，需要播报的真实事件只有那么多，许多突发新闻或更新新闻并没有重大意义，许多事件常常是假性事件比如新闻发布会。在争夺突发新闻上，哪怕是在争夺最新的一点点信息上，主播们总是匆忙争夺第一，他们知道，看电视的人可能在换频道，或者是因社交媒介分心而换频道。比如 2013 年 4 月 15 日波士顿马拉松爆炸案两天后，CNN 和 Fox 先后发布嫌疑人被捕的新闻，却很快被证明是假新闻，美联社、《波士顿环球报》（*Boston Globe*）和几家波士顿电视台紧追着发布这一虚假的新闻。遭 FBI 责备后，它们收回这一报道，闭口不谈核查事实这一新闻业最基本的要素。更能说明问题的是，2012 年 6 月 28 日，最高法院就奥巴马总统的平价医疗法案（即“奥巴马医改”）发布历史性的裁决时，CNN 和 Fox 抢先发布新闻称，最高法院驳回了医改方案核心的个人授权。两家新闻网犯错误的原因是，他们在读完裁决全文前就抢先报道。裁决书开头称，法案不能用宪法的商务条款来裁定，但裁决书最后的结论是，法案可以用一种税收形式来支持。我认为，这起乌龙事件值得强调。有线电视网三巨头中的两家把新闻完全搞错了，因为他们等不及阅读裁决书全文就抢突发新闻了！我愿意设想，MSNBC 在这件事上的克制是由于他们妥当地应用了最基本的新闻程序，但我猜想这在某方面与一个事实有关：他们坚持有线电视新闻的自由派立场，只不过是不愿意向观众报告坏消息。

如果说沃尔特·克朗凯特曾经是美国最信赖的人，如今谁填补这一角色呢？在我们的文化里，没有谁享有克朗凯特那样的吸引力。但如果说现在有人接近这样的地位，那只能是笑星乔恩·斯图尔特（Jon Stewart）了。他在喜剧中心电视台（Comedy Central channel）《每日秀》(*Daily Show*）担任主持人，并大获成功。在此之前，越来越多的公民从晚间脱口秀笑星的独白里获取新闻，早已司空见惯；这样的笑星有杰·雷诺（Jay Leno）和大卫·莱特曼（David Letterman）。如果许多人从笑星那里获取新闻，那是否意味着，新闻业业已成为笑话？在许多方面，斯图尔特提供时政新闻深刻的讨论和分析，批评政客、官员和记者。如果最佳的电视新闻通过《每日秀》和《科尔伯特报告》(*Colbert Report*）这样的娱乐节目传递给我们，这无疑证实了波斯曼的断言：电视提供娱乐时表现最好，但难免损害严肃的话语。

重要的是补充说明，我们今天拥有的资讯源头比过去多得多，除了 C-SPAN，有线电视还提供世界各地财经新闻、天气预报和新闻节目的专业频道。BBC 新闻很受重视，虽然它免不了有自己的偏向，却提供了有别于美国新闻源的另一种选择。但实际有多少人看它呢？同样，半岛电视台（Al-Jazeera）是私有的阿拉伯新闻台，难免有自己的偏向，但它的英语节目质量却赢得一片喝彩。美国有线电视供应商康卡斯特（Comcast）不想冒犯自己保守的观众，拒绝上载半岛电视台的新闻节目，此后，半岛电视台的节目就引起争议了。其实，康卡斯特不用麻烦，因为半岛电视台的观众很少，比PBS的观众还要少。最近收购阿尔·戈尔（Al Gore）不成功的今日电视传媒公司（Current TV channel）后，康卡斯特的受众规模能否扩大，令人怀疑。除了有线电视增加的服务外，互联网上也有大量可获取的新闻。但我们面对的问题不是信息缺乏，而是需要弄懂信息、分清良莠，将其置于条理分明的语境中，进行综合。

互联网给予我们新闻聚合网，比如《德拉吉报道》（*Drudge Report*）、《赫芬顿邮报》（*Huffington Post*）和《谷歌新闻》（*Google News*）。这些服务使我们获取更多信息，为我们提供多源头的报道，但即使这些新闻是人工选择的，它们足以替代专业记者的编辑判断吗？对于基于算法的自动聚合器，比如《谷歌新闻》，我们可能会更加担心。一方面，由于外界的信息非常多，自动聚合器这样的补救性媒介回应了真实的需要（Levinson，1999，2013），但它们同时又有损于人的判断。计算机程序把定性评价转换为定量的形式，进行基于技术效率指令的判断——除此之外，计算机程序还能做什么样的定性评价呢？新闻聚合网的价值和它们源头素材的价值无异，用生物学隐喻就可以说，它们是以共生的方式运行并支持合作伙伴的新闻工作呢？抑或是寄生物，终将杀死其宿主呢？传统的新闻机构正在走向衰退，什么会取而代之呢？

关于博客这种媒介，已有很多论述。许多方面，博客真是革命性的，我之所以这样说是因为我本人写博客。无疑，博客有助于打破专业记者的知识垄断，有助于新闻和意见的民主化和传播。然而，博客通常表达意见，而不是表达事实，只不过给有线电视自以为是的编排徒添噪声而已。博客可能是个人表达的有力形式，但因为没有守门人，其可靠性是难以评估的。比如，2011 年，一篇题名“大马士革的一个女同志”被揭穿为骗局，博主原来是一个中年油腻男。被人揭露博客里的图片窃自别人的脸书账号后，博主承认造假。在个人诚信上，博客容易出问题。至于维基百科，由于它行使新媒介的功能，有时它反映的内容更新比标准的新闻源头快（Levinson，2013），它可能会不可靠，因为条目的编辑和修改比较容易。掘客（Digg）网和 Reddit 网之类的社交新闻网站允许用户输入信息，加上了一点民主元素，比如个人可以投票决定新闻的“上”或“下”（“挖掘”或“埋葬”），这就用支持率取代编辑判断了。其他社交新闻网站，比如 Slashdot，只允许用户提交新闻故事，这些网站的共同点是业余新闻和专业新闻混杂，结果对专业标准造成损害。我们再次遇到这样一个问题：这种开放的新闻源品牌固然使人有所收获，但它能替代专业新闻吗？

脸书（Facebook）和推特（Twitter）两大社交网站擅长社会共享的信息传播。最好的表现是，它们善于生成人在某方面的意识。我曾经收到这样一则推文：推特是传递名人死讯的极端强大的媒介。2011 年，史蒂夫·乔布斯（Steve Jobs）去世时，奥巴马总统说：“世界上很多人在乔布斯发明的手机上获悉他去世的消息，这是对他成功的最高的礼赞。”说这句话时，他心中想到的无疑是用手机获取的 Twitter

和 Facebook 推送的信息。但链接、故事和视频分享受到的批评是，用信息分享替代行动，引发情绪的回应而不是理性的理解，未经事实的核查，没有其他形式的评估。一个例子是隐形儿童组织（Invisible Children Organization）制作的《科尼 2012》（*Kony 2012*）视频。这段发布于 2012 年 3 月 5 日的视频很快疯传，不仅使人更了解非洲的战争罪犯约瑟夫·科尼（Josef Kony），而且推动了政府和公民的政治、军事和财政行动。但这一视频也遭到猛烈批评：失之过简，很不准确，结果把科尼抬举到世界名流的高度。最终，这个故事的运行轨迹是时尚，而不是新闻。不过，我的批评不是要给互联网和社交网络的正面作用打折扣，在传播新闻、动员对个人和事件的支持方面，它们都发挥积极的作用，特别值得注意的是在慈善募款方面的积极作用。同样重要的是看门狗网站（watchdog sites），它们履行了政府第四部的职能，突出的有安德鲁·拉西耶（Andrew Rasiej）的阳光基金会（Sunlight Foundation）、罗纳德·德尔伯特（Ronald Deibert）的公民实验室（Citizen Lab）和开创性的电子自由基金会（Electronic Freedom Foundation），富有争议的维基解密更不用说了。

无论互联网作为新闻媒介多么祸福混杂，有一点是毫无疑问的：它并没有善待较早的报纸媒介。多半的报纸最多在销售和预定上做到了保本，需要广告商支持才能维持活力。电视的引入驱使许多报纸停业，大多数城市只剩下一两种日报，而且这些日报的印数在逐年减少。互联网证明对报业更有害，报纸失去本地广告尤其分类广告的收入，因为广告被克雷格分类广告（Craigslist）购物网站和“大牛”（Monster）招聘网站抢走了。与此同时，年轻人不再培养读日报的习惯。我们常听说的抱怨是：既然今天可以读到上线的免费新闻，我为什么该花钱读昨天的新闻呢？新闻聚合网、社交新闻网、社交媒介的分享给报纸媒介造成的不可补救的伤害，就体现在这个方面。起初的慢慢衰落因2008年的金融低迷而加重了。报业组织拼命尝试在互联网上建立殖民网站。然而，这是否会成功，多少报纸能完成这一转变，财务模式是什么（《华尔街日报》和《纽约时报》尝试付费专区，全部或部分收费），最终的产品像什么——种种情况远不明朗。目前，报纸网站尝试再开创报纸的马赛克路径，报纸头版和网站在形式上的相似性，容易阅读，但越来越多的报纸不得不在网站上追加博客和视频。整个互联网上基于文本的内容是这样的局面：带宽稳步增加，视听内容增多，故收获了最多的点击和观看。起初，计算机和互联网希望回归文本的印刷取向，但越来越明显的是，它们的着重点也将是视听内容，电视和视频将是我们文化名副其实的元媒介。换句话说，我们的数字设备和连接将是多种媒介环境的进一步精致化，这样的环境维持下来，并在许多方面放大娱乐偏向。以这种形式去解析新闻，波斯曼（1985）会说，作为基础公共传播形式的新闻的确是被击碎了：

> 在电视新闻节目超现实主义的框架里，嵌入一个反传播（anticommunication）理论，其特点是一种抛弃逻辑、理性、顺序和矛盾律的话语。我认为，这一反传播理论在理论界名为达达主义，在哲学界名为虚无主义，在精神病学里名为精神分裂。在戏剧用语里名为歌舞杂耍。（p. 105）

倘若社群建立在交流的基础上，那么，我们是否处在反社群

（anticommunity）的时代呢？马歇尔·麦克卢汉（1962）指出，印刷术出人意表的效应是造就阅读公众，阅读公众又构成现代民主的基础。出版商不用刻意积极营造公众，公众不过是印刷媒介本身的副产品。波斯曼的学生杰伊·罗森（Jay Rosen，1999）则认为，今天的新闻记者要做的是积极营造自己的公众，践行他所谓的公共新闻。今天的媒介环境不再支持这种印刷本位的读者群，而是助长新的电子部落主义，包括多重归属和身份——在这样的环境里，新闻记者能营造自己的公众吗？在某些方面，我们今天可能比1985年消息灵通，但我们却面临信息超载，不太能筛选或评估信息了。无疑，我们今天享受的娱乐胜过从前，但这又可能使我们难以进行认真的讨论和思考，因而使我们准备不足，难以履行民主社会公民的义务。如果严肃的话语沦为娱乐，技术专家就会接管我们的社会，个人自由和真实共同体就会付出代价。

我们公民既需要足够多的信息来了解局势，又不需要太多的信息，因为信息太多无法达成准确的评估。我们需要足够的能力以文明、恭敬的态度交换思想和意见，批判地评估思想和意见，善意地进行对话和协商，以达成共识，并就如何应对现在的需求作出决定，最有效地探索未来的生存。我们倚重环境，以便使这一切成为可能；这就是说，我们要找到修正我们媒介环境的办法，使之符合民主生活的需求。问题是，我们发现自己太容易适应环境要求，而环境毕竟只要求我们慵懒静坐、享受娱乐，或加足马力、参与游乐；其最终结果就是赫胥黎在《美丽新世界》（1932）描绘的那种环境反乌托邦了。

第六章　部落发声

真人秀连续剧《生还者》(*Survivor*)2000 年在美国首映，其口号“智胜、击败、逃生”很可能适用于美国大选要职的争夺。该剧的另一妙语“部落发声”(the tribe has spoken)是剧中人秘密投票后说的话，参与者投票决定让一个人出局。这样的投票是实施民主的表征，至少是特殊的民主。首先，实际的部落社会是口语文化，不知民主为何物。它们可能是相对平等的，缺乏伴随更复杂的社会组织形式严格地位区别，但他们倚重传统的坚守，非常强调群体共识和一致。对小群体的部落而言，这毕竟是生存的基本要义。首领赢得尊敬，同时又拥有权威，人人都求助于长者，因为他们年长，知识最多，阅历最广，漫长的记忆提供的语境使部落能评估当前的情况。看来，《生还者》与其说是部落主义的再现，不如说是新部落主义的一种形式。它很像部落主义的早期形式：几乎没有隐私概念，因为其中的竞争者随时被监视；一举一动都被人看见，被记录下来，极少例外。摄像头似乎使观众无所不知，游戏参与者则不可能完全知情，但他们彼此介入，全都参与八卦、闲言碎语和谣传的交换。由此可见，这部连续剧以微观形式抓住了麦克卢汉(McLuhan, 1962; McLuhan, Watson, 1970)地球村和环球剧场的孪生观念。

然而，《生还者》被个人主义改变，受个人主义感染，而个人主义是与印刷媒介环境相连的。该剧不强调对生存至关重要的群体身份，其目标是成为唯一的幸存者，其动力是竞争，而不是幸存。而且，它不是书面文化形式，而是后书面文化形式。它是真实的真人秀，和相当多数同类剧目一样，它呈现的现实是经过高度剪辑的。电视上呈现的现实，注重戏剧性和娱乐性，而不强调忠实而客观地重述渐次展开的事件。游戏时，竞争者被迫经受各种考验和磨难，常常被蒙在鼓里，不知制片人安排的下一步是什么；在怂恿之下，他们依靠操作和非诚信手段，以求在竞争中取胜。

这是口语文化和书面文化的古怪糅合，两不像，却抓住了很多电子媒介环境的杂交能量（McLuhan，1964），成为美国政治竞选很好的隐喻。我们的竞选以民主党和共和党两个部落开场。两个部落互相竞争，但部落内也有竞争，形式是初选。《生还者》参与者一个接一个经票选被逐出荒岛，最后剩下两个人。在两个人的身上，部落忠诚常常是胜出的首要因素，但基于观察者目击的判断也获通过。最后，正如主播所宣告的那样，一人胜出，部落发声了。民主在行动的另一个版本可见于音乐真人秀《美国偶像》（*American Idol*），该节目 2002 年首播，其中包括观众投票，即场上只剩下 20 至 40 个候选人时，观众开始用免费电话和短信投票。结果常常有争议，因为受欢迎未必和有才干对应。通过 2004 年开播的《学徒》（*The Apprentice*），每当我们听见唐纳德·特朗普说“你被炒掉了！”这句台词时，我们就想起，原来公司美国有一种独特的、更威权主义的模式。

21 世纪的真人秀类似政治竞选，一目了然；反过来，政治竞选像劣质电视真人秀，也是事实，但根本达不到《生还者》《美国偶像》和《学徒》那样的观众关注度和参与的水平。这无疑是由于，竞选不完全是为电视提供内容而举行的。不过，竞选很大程度上是通过电子媒介进行的，政治生态因此而变了；倘若美国创建人生还，他们会认不出这样的政治形式，他们 19 世纪的后继者也认不出这样的政治形式。波斯曼指出，19 世纪 50 年代的林肯—道格拉斯辩论是印刷术主导的媒介环境里典型的政治话语。辩论者至少用半个小时甚至三个小时陈述观点、进行反驳。我们不是要给嘉年华似的气氛打折扣，而是要指出，彼时的美国人习惯的话语形式迥然殊异，今天难以想象了。那时的公共讲演和朗诵非常流行，就足以为证。与此对照，今天任何初通辩论形式要求的人都会告诉你，电视直播的“辩论”不是任何传统意义上的真正的辩论，仅仅是印象管理的操练而已。

丹尼尔·布尔斯廷（1978）把肯尼迪—尼克松辩论比喻为智力竞赛和游戏节目、当代电视真人秀的先驱；典型的电视直播辩论在总体外观和格式上就像游戏节目，虽然少了一些花哨的元素。而更晚一些的另类格式的辩论基本上模仿《奥普拉脱口秀》（*The Oprah Winfrey Show*）之类的日间脱口秀。无论格式如何，其相同元素是，这些辩论不以小时为单位来计算，参与者被分配的时间是以分钟为单位来计算，只有个位数；一两分钟内阐明立场，但这是电报式话语的另一种形式，不足以表述一个复杂的观点。取而代之的元素是候选人的外貌和举止。广为人知的是，尼克松令人遗憾的外表可能使他输掉了 1960 年大选中肯尼迪—尼克松的第一场辩论。1968 年和 1972 年总统竞选时，他拒绝电视直播的辩论，林顿·约翰逊（Lyndon Johnson）1964 年也拒绝电视直播的辩论，也许就不足为奇了。1976 年以后，总统竞选辩论才恢复，以后就成为确定的惯例。

关于 1976 年的福特—卡特辩论，最令人难忘的是福特说错话，尤其是“苏联支配东欧的情况不存在”的洋相。而关于 1980 年的里根一卡特辩论，最令人难忘的是里根那句油滑的俏皮话“你又来了”。错话和俏皮话很适合在电视新闻中原声重现，短小，富有娱乐性，完美地融入电视新闻节目缩略的格式，其冲击力因此而无限放大，远远大于收听辩论的人所受的影响。广播听众所受的影响和电视情景剧、音乐剧或真人秀观众所受的冲击，没有可比之处。在 1988 年的老布什—杜卡基斯辩论中，给人留下深刻印象的是，CNN 的主持人伯纳德・肖（Bernard Shaw）问迈克尔・杜卡基斯（Michael Dukakis）关于反对死刑的问题时，杜卡基斯那不动感情的回应。主持人的问题是，倘若他的妻子吉蒂・杜卡基斯被奸杀了，他是否会改变观点。肖本人因这个问题受到批评，但这不是辩论主持人因表现不当而被批评。肖受批评不足以扭转那次辩论的局面，但在同年的副总统竞选辩论中，劳埃德・本特森（Lloyd Bentsen）对丹・奎尔（Dan Quayle）的回应却在一夜之间引起轰动。本特森回应道：“我和杰克・肯尼迪共事，我了解杰克・肯尼迪。杰克・肯尼迪是我的朋友。参议员，你不是杰克・肯尼迪。”在 1992 年和比尔・克林顿辩论中，在任总统老布什看了看手表，他的非语言手势被镜头放大（并在稍后被反复播放），立即传递出不耐烦、不感兴趣的感觉，他最终败选和这一动作有一定的关系。2000 年辩论时，阿尔・戈尔表现呆板，大声频频叹气，这使他在对阵小布什的局面难分难解时疏远了选民，最终败北。在 2012 年的第一轮辩论中，巴拉克・奥巴马（Barack Obama）的表现缺乏光彩，几乎使米特・罗姆尼（Mitt Romney）胜出。然而，1996年和2004年的在任总统都在迎战对手中胜出，因为挑战者鲍布·多尔（Bob Dole）和约翰·克里（John Kerry）在电视上根本不上镜。而在2008年的辩论中，约翰·麦凯恩（John McCain）的给人的印象是表现急躁，对奥巴马不尊重。

1984年民主党内初选时，沃尔特·蒙代尔（Walter Mondale）借用温迪快餐连锁店的广告口号去反诘加里·哈特（Gary Hart）“新思想”的口号：“你的牛肉在哪里？”这一问题被誉为聪明战术，无论哈特向新闻媒体提供多少厚重的立场文件和政策文件，他都难以反击蒙代尔了。2012年共和党内初选时，曾任教父比萨公司主管的赫尔曼·凯恩（Herman Cain）赢得广泛的认可，一度领跑，他依托的是“9-9-9税务计划”。他在初选辩论中不断重复“9-9-9”，许多人认为，这是又一条很棒的广告口号。政治广告并不新鲜，它们和商业广告一样悠久。但真正展示电视广告威力的是托尼·史华兹（Tony Schwartz）1964年为林顿·约翰逊制作的“雏菊女孩”竞选广告，史华兹是媒体制作人和麦克卢汉的朋友。冲击力和知名度与“雏菊女孩”广告堪有一比的是1988年的“威利·霍顿”（Willie Horton）广告，那是支持老布什（George H. W. Bush）的独立政治行动委员会打的广告。（这两则广告和其他许多广告都可以在YouTube上找到。）2004年，另一个名为“快艇老兵求真相”的政治行动委员会打广告反对民主党总统候选人约翰·克里，诋毁他作为越战老兵的信誉，由此产生了一个新词“快艇事件”，指不公平不准确的攻击性广告。一方面，电视仍然是通达最多选民的最有力媒体；另一方面，有线电视为目标观众提供的选择扩大了，互联网补充了发布政治广告的手段，不可小觑。2007 年独立制作的 YouTube 视频《我迷恋上了奥巴马》证明，互联网上的政治广告能够像病毒那样传播，能给总统候选人助力（Levinson，2013）。这一视频强化了奥巴马时髦和酷派的形象，“奥巴马女孩”的性感歌舞表演把政治话语变成了一种滑稽模仿形式。另一段支持奥巴马的 You Tube 视频混搞苹果公司 1984 年推出的麦金托什操作系统的著名广告，用希拉里·克林顿（Hillary Clinton）取代其中的“老大哥”。作为回敬，希拉里·克林顿的竞选团队上传了一段 YouTube 视频，戏仿《黑道家族》（*The Sporanos*）最后一季，她和丈夫比尔·克林顿在餐车用餐，背景里隐约可见《黑道家族》的一位演员，最后引向她竞选的新歌，即席琳·迪翁的《你和我》。

负面的政治广告助推了美国文化文明礼貌的下滑，这一点可参见德博拉·坦能（Deborah Tannen）在《论争文化》（*The Argument Culture*，1998）里富有洞见的讨论。但即使取向正面的广告为达到其目标也依靠说服技巧和操纵的手法。忍住不用政治广告的候选人眼睁睁看着自己的民意往下掉，不回应负面广告的候选人的民意也往下掉。近年第三党广告的爆炸只能使问题加剧。广告构成波斯曼（1985）所谓的“反传播”的另一种形式，其宗旨不是敞开讨论，而是关闭论辩，诉诸情绪而不是理性，用简单化的口号取代深思熟虑的解释，用寓言故事取代阐述。广告简短，偏重形象，纳入技术垄断对技艺的倚重，为效率服务，可以说是电视媒介的纯粹表达。在《娱乐至死》里，波斯曼用很大篇幅分析广告对政治竞选的冲击，他说，禁止电视广告可能是恢复政治过程一定程度严肃性的小小的一步。遗憾的是，由于第三党政治广告的增多，以及有线电视和互联网平台的扩张，他的建议连遥遥无期的可能性都不存在了。

1968 年，理查德·尼克松（Richard Nixon）是允许广告专家管控他的竞选活动的第一人，因为他 1960 年输给约翰·肯尼迪（John Kennedy），领教了电视的威力。作为略通此道的专家，因“水门事件”而辞职几年后，他忠告参议员泰德·肯尼迪（Ted Kennedy）说，如果要竞选总统，那就要减肥 20 磅。波斯曼（1985）对此讥讽道：“虽然联邦宪法没有提及这样的问题，但似乎肥胖者如今已十分有效地被排除在公职的竞选之外了。”（p. 4）广播电视人说，摄像机使镜中人徒增 10 磅。笑星和脱口秀主播人觉得，1992 年总统竞选时，拿奥巴马的体重说事是妥当的。更晚近一些时候，新泽西州长克里斯·克里斯蒂（Chris Christie）成为潜在的共和党总统候选人，他遭遇的最大挑战不是他比党内的多数人更温和，而是他肥胖。他认真的抱负因一场手术而得到证明。2013 年，他做了胃束带手术。无疑，我们的今天与威廉·塔夫脱（William Taft）的岁月有天壤之别，和那位谢顶的总统德怀特·艾森豪威尔（Dwight Eisenhower）的岁月也相去甚远。约翰·肯尼迪确认一头秀发是政治活力的重要标志，这也是乔·拜登（Joe Biden）1988 年争取民主党总统候选人提名注定失败的原因。到 2008 年，当他参与党内初选并最终被选中担任奥巴马的竞选副手时，植发的魔术成就了这一机缘。

政治未必能完全简约为脂粉，但容貌加人格是形象政治的基本要素。麦克卢汉认为，在电视上效果最好的形象是冷，而不是鲜明或分明，更准确地说，是邀请观众参与的形象，这是要求映射和认同的过程。比尔·克林顿是冷的典型，1992 年竞选总统时，他上阿森尼奥·霍尔的脱口秀（*Arsenio Hall Show*），戴墨镜，吹萨克斯管，演奏猫王录制的歌曲《伤心旅馆》。在总统任期内，他参加一个市政厅的音乐电视节目，回答了通常穿拳击裤还是内裤的问题，他回答说“通常穿内裤”。在广告讲演方面，他走得很远，但最突出的是他在摄像机镜头前表达共鸣的能力。和里根一样，他善于向观众传情达意，使推理论证显得无关紧要了。他的继任者小布什口才不好，常因荒唐的用词错误而被人讥笑，名为“布什主义”。小布什能映射出平和、淳厚的诉求，这使他成为民众的一部分，和美国文化反精英、反智主义的倾向很和谐。换言之，他的非语言交流大大弥补了语言技巧的不足。奥巴马体现了自己特有的冷静，在 2008 年的总统竞选中激起了极大的热情。值得注意的是，这一现象代表的进步是：大多数选民能发现一个与己有关的非洲裔美国人的形象，认同他，并最终接受他。不过，奥巴马的胜利仍然是形象重于实质的胜利，这可以用来解释他 2012 年谋求连任时民众热情的降低，尽管选票的坚守并未使他输掉选举。

波斯曼写《娱乐至死》时，一位名为罗纳德·里根（Ronald Reagan）的演员成了美国总统，这是许多美国人以前不可思议的事情。更令人不安的是，民调显示，他的大多数支持者并不赞同他的政治观点。之所以 1980 年选他且 1984 年又让他再次当选总统，那是因为人们喜欢并信任他这个人（或者更准确地说，喜欢他在电视上扮演的角色）。继里根之后，电视连续剧《爱之船》的主演弗雷德·格兰迪（Fred Grandy）1986 年当选美国众议员，任职到 1994 年。流行歌手桑尼·波诺（Sonny Bono）1994 年当选美国众议员，直至他 1998 年去世。更晚近一些时候，电影明星阿诺德·施瓦辛格（Arnold Schwarzenegger）步里根后尘，2003 年至 2011 年任加利福尼亚州州长；曾主演好莱坞动作片冒险英雄的职业摔跤手杰西·文图拉（Jesse Ventura）于1998年当选明尼苏达州州长，直至2003年任期结束。当前，电影电视演员弗雷德·汤普森（Fred Thompson）自1994年至今任美国参议员（来自田纳西州），笑星艾尔·弗兰肯（Al Franken）2009年至今任美国参议员（来自明尼苏达州）。需要澄清的是，娱乐界人士从政本身并非固有的错误，不过，这样的举动曾经被认为是不可思议的，因为在公众头脑中政治和娱乐是截然分离的。一些艺人竞选公职，更多的艺人曾经被考虑但本人决定放弃，比如女明星艾什莉·贾德（Ashley Judd）2012年就认真考虑过是否角逐肯塔基州参议院席位。无疑，相比而言不那么有害的是，政界人士作为一个阶层已然自视为艺人和名流。

昔日，在娱乐节目里露面被认为是严肃政治家有失尊严的事情。等到波斯曼写《娱乐至死》时，那已成为司空见惯的现象。彼时，我师从他读研，我记得他征募一组学生和同事，要我们每当政界人士在电视上露面都动动脑筋。结果就是他写下的这段文字：

> 政界人士现身娱乐节目成为娱乐资源，准确判定这一现象始于何时有一点困难。20世纪50年代，参议员埃弗里特·德克森（Everett Dirksen）竞选时，客串电视剧《我的台词是什么？》（*What's My Line?*）；约翰·肯尼迪允许哥伦比亚广播公司《人与人》节目（*Person to Person*）主播埃德·默罗带摄像机闯进家门拍摄。理查德·尼克松竞选时，在《与我笑》（*Laugh-In*）的一小时喜剧里露面几秒钟，这是仿电视广告形式的喜剧。在20世纪70年代，公众开始习惯这样的观念：政界人士被视为娱乐界的一部分。到20世纪80年代，政界人

> 士上娱乐节目如洪水泛滥。副总统候选人威廉·米勒（William Miller）为美国运通公司（American Express）打广告。“水门事件”明星、参议员萨姆·欧文（Sam Ervin）也为美国运通公司打广告。前总统杰拉德·福特（Gerald Ford）携手前国务卿亨利·基辛格（Henry Kissinger）客串肥皂剧《王朝》(*Dynasty*)。马萨诸塞州州长迈克尔·杜卡基斯（Michael Dukakis）在连续剧《波城杏话》(*St. Elsewhere*）里露面。众议院议议长蒂普·奥尼尔（Tip O'Neill）亦在情景喜剧《酒吧》(*Cheers*）里露面。消费者权益保护人拉尔夫·内达（Ralph Nadr)、众议员乔治·麦戈文（George McGovern）和市长爱德华·科赫（Edward Koch）主持《周六夜现场》(*Saturday Night Live*)。科赫还在詹姆斯·卡格尼（James Cagney）主演的电视剧里出演拳击经理。里根夫人南希在情景剧《各有其人》(*Diff'rent Strokes*）里露面。（1985，p. 132）

我请读者注意这段文字，仅仅是因为 1985 年前后政界人士上娱乐节目的并不多，而波斯曼却说那成了什么“洪水”，今天的人会觉得有点怪。今天，政界人士上娱乐节目的名单将远远不止以上这样一个段落了，实际上足以填满一本书。仅一例就足以概括总统竞选政治的现状：2008 年 9 月 5 日，前参议员和演员弗雷德·汤普森与笑星杰·雷诺（Jay Leno）一道上《今夜娱乐》(*The Tonight Show*)，并在此宣告他将竞选总统。他并非第一位走这条路子的人，但他不是在参加共和党内的初选中宣告，而在那一刻，共和党内的初选和这个脱口秀正在同时进行。作为大小屏幕上的老手，汤普森知道，笑星主持的晚间娱乐节目给他一个启动竞选的更好平台，比他和其他政界人士讨论问题的效果好得多。事实上，谁又能责怪汤普森呢？这两种电视形式的区分的确是难呀。

在电视上，任何人做的任何事都是表演，无论扮演角色或扮演自己，两者的区分常常是不明确的。这就意味着，一切类型的电视露面是互换的——竞选公职、以学者身份在新闻里露面、主持脱口秀或参演电视剧。布尔斯廷（1978）指出，形象主导的文化就是名流主导的文化，名流因出名而广为人知。这就产生了形象管理的新问题，因为名流的个人生活成了娱乐媒介的内容。政界人士再也不能向公民掩盖自己的健康问题或家庭问题，也许最极端的例子是比尔·克林顿因婚外情撒谎而险遭弹劾。梅罗维茨（1985）称，电子媒介环境使官员再也不会被视为领袖人物了。我们对他们太了解，知道他们早餐吃什么、穿什么内衣；我们知道他们年轻时是否吸毒和酗酒，是否参与校园霸凌，或有任何其他个人的或职业的不当行为。在一定程度上，这可以被视为民主政治制度的保障功能，同时这又意味着，与领袖相关的品质不再足以使个人够资格进入领导岗位，因为与职务无关的个人特征可能把领袖品质遮蔽了。比如，中央情报局局长戴维·彼得雷乌斯（David Petraeus）将军2012年因婚外情而被迫辞职，许多人认为这是个损失，因为他作为军界和文职领袖很有效率。

在名流文化里，成为关注焦点的不是远距离的权威形象，而是亲近的名流特写。里根深知，发表广告讲演时，他真正的观众是电视机镜头。尽管他被称为“伟大的交流者”，但他并不是公共讲演天才，那不要紧，因为他知道看他直播的人不过是道具，他只需要盯着镜头，用交谈的语气说话，这种调子在电视观众的客厅和卧室里效果很好。与之对照，2004年，霍华德·迪安（Howard Dean）在爱荷华州举行的党团会议中，位居民主党内初选第三，颇感失望。于是他做了候选人在特定情况下可能被认为是最佳的选择：在支持者和助选人员的集会上发表了振奋人心的讲话，鼓舞士气，为下一站新罕布什尔州的初选鼓足干劲。根据传统公共讲演的要求，他做对了该做的一切。然而，一旦直播出去，他在电视上却像狂人，他的讲演被冠上诨名“我有一声尖叫”。此前，他被视为预选提名的有实力的挑战者，此后，他再也不被视为竞争者了。

如果没有艺人的支持，没有任何政治运动能走得很远，一个名流政界人士就是群体的面子。一个很好的例子就是茶党（Tea Party）和占领华尔街运动的对照。由于莎拉·佩林（Sarah Palin）等领导人在场，茶党在电视新闻节目里很令人瞩目。佩林曾经是阿拉斯加州的选美皇后，后继任该州州长，2008 年被选中担任约翰·麦凯恩竞选总统的副手。电视访谈很快就显示，作为副总统候选人，她的准备极端不足，但显而易见的是，选中她的目的是要在总统选票上提供一个女性的形象，以抗衡奥巴马非洲裔美国人的形象。佩林虽然作为副总统候选人表现欠佳，但却在名流路上大有斩获，也推进了茶党的竞选造势。民主党初选的候选人米歇尔·巴克曼（Michele Bachmann）也起了相同的作用，稍早共和党特立独行的总统候选人罗恩·保罗（Ron Paul）也名声大噪。相反，占领华尔街运动却难以上电视，原因很简单，下曼哈顿华尔街和全国其他地方大群人的长镜头在电视上不那么引人入胜，至少不会长时间扣人心弦。运动领袖追随左翼意识形态，不想强调个人位于群体之上，致使运动没有电视媒介需要的人格化。讽刺的是，他们没有意识到，他们反对的意识形态即个人主义的时代已经过时，被迥然不同的人格化和个性化取代了——这不是脱离群体的个人，而是通过名流形象表现的个性化群体。实际上，意识形态本身是印刷媒介环境的产物，在那样的环境里，你才能印行详尽的政治纲领和宣言，意识形态本身也过时了。

特伦斯·莫兰（1984）认为，形象政治已取代早前的议题和政党政治的形式。议题并非完全无关紧要，但很少人花时间仔细研读已刊布的材料，以便去了解复杂的问题。相反，议题常常被简约为技术性标准：谁的计划在改善经济、创造更多更好的就业机会、提供最好的医疗保健、使公民尽可能安全等方面最有效。由于缺乏清晰的指标，我们只看见议题的形象，而不是议题本身。政党曾经是候选人联系选民的主要媒介，但党内初选制度抹掉了党魁遴选候选人的作用，因为政治名流的气势大于政党。议题和政党都成了人口统计学与心理变数的问题，关于生活方式和地理学基础上的忠诚问题；反过来，这又为候选人遵循的形象策略提供信息。在这里，我们看见技术指令的胜利，因为民意测验影响候选人的言行，造成美国政治里领袖品质的消逝。研究民意的技法精于预测选民行为，竞选团队不再关心如何影响未决定投票意向的选民的心态或心绪，而是主要关心投票率。使获得更多支持票的人胜出，这是人数的效率高于语词推理力量的胜利。艾吕尔（1964，1965）指出，效率的技术标准把一切重要的决策交到技术专家的手里，让经济、金融、商务、外交、军事、能源、环境、教育、社会福利各方面的专家去决策。在争取胜选时，候选人被降格为选举专家，当选以后，他们继续参与没完没了的竞选活动，操弄公共舆论以支持技术专家的决策。对艾吕尔而言，这一政治幻觉不是关于权力或意识形态的幻觉，而是一个简单的事实：我们的技术社会太复杂，普通人不再有足够的知识在大多数政策问题上作出决定，因此，他们必须接受指引去支持被认为是最有效的路径。在此我们又看到，起作用的不是奥威尔的《一九八四》，而是赫胥黎的《美丽新世界》。

有人希望，互联网、万维网、社交媒介和移动设备能抗衡这一趋势。无疑，这样的抗衡使政治竞选不一样了。1992 年，加利福尼亚州前州长杰里 · 布朗（Jerry Brown，1992 年再次当选州长）率先宣告，在民主党的预选中，他开通免费 800 电话号码，供支持者捐款使用。虽然阿尔 · 戈尔在担任参议员和副总统期间已形塑了上线交流的政策，但在 2004 年的竞选中，从博客支持获益的却是霍华德 · 迪恩（Howard Dean），不过，因为迪恩不善于塑造电视形象，所以他从电子文本获得的正面形象像气泡一样蒸发了。YouTube 是 2008 年竞选的因素，但更为重要的是，奥巴马的支持者和竞选工作者在进行草根动员时，证明了互联网的威力。在民主党内的初选中，这使集中力量搞电视广告的希拉里 · 克林顿猝不及防，倚重互联网的路子在大选中也被证明是有效的。然而，这是不是传统民主政治话语某种似曾相识的恢复呢？抑或仅仅是选举手法的进一步应用呢？随着带宽的增加，在多大程度上视听内容使印刷内容黯然失色呢？互联网在占领华尔街运动中发挥了重大的作用，在几场革命运动比如阿拉伯之春中也起到作用，无论其胜败如何。对线上信息改善的可获得性，对博客世界的政治讨论，对互联网助长觉悟和组织群体政治行动的性能，我们都有理由抱审慎乐观的态度。姑不论别的什么，新媒介的破坏潜力是显而易见的。不过，新媒介只不过是电子媒介的精致化而已；其偏向与印刷媒介迥然不同，我们不妨问，作为公民，我们是否会通过互联网投票把自己淘汰出局。

第七章　霓虹神灵

《寂静之声》(*The Sound of Silence*)这首歌由保罗·西蒙(Paul Simon)谱写、西蒙和加芬克尔(Garfunkel)录音，它把犹太—基督教的宗教传统置于当代语境；描绘众人在自制的霓虹神像前鞠躬祈祷，使《圣经》里描绘的反偶像崇拜论战和摩西第二诫禁止偶像的规定得以更新。霓虹灯用作金牛犊[1]的现代等价神，这一选择意义重大。早在1920年，霓虹灯就被用作生意场的标志，尤其在商店、剧院、餐馆、酒吧等场所盛行。因此，它们与商务和消费主义产生联想，尤其与娱乐产生联想。眩目、多彩且常常十分花哨，霓虹招牌在纽约市时代广场和百老汇之类的场所非常密集，纽约是美国娱乐业的中心之一，与之相似的还有好莱坞和拉斯维加斯。波斯曼把拉斯维加斯当作最能代表电视时代美国的场所，因为它完全是用来娱乐的。夜晚灯火通明，天空隐约不见，这些强烈的电灯光是最恰当的象征，显示电子媒介时代宗教体验富有争议的性质。

《寂静之声》传达宗教体验的真情实感，但既然是录制音乐，它就使歌曲和歌手、表演和表演者、交流与具体的人文语境分离。因此，它奉献给我们的音乐不是我们参与创作的共享经验，而是我们

〔1〕金牛犊，摩西上西乃山领受十诫时，以色列人制造的一尊偶像。

成为被动消费者、收藏者的经验，我们最有创意的行为只不过是创造一个播放列表。在《斡旋缪斯》（*Mediating the Muse*，2004）里，波斯曼的学生罗伯特·阿尔布雷克特（Robert Albrecht）论述了共享、参与音乐经验令人扼腕的失落，富有洞见。宗教仪式产生与人分享的经验，在这个意义上，音乐共享经验的失落以及神圣概念的缺失对当代的宗教体验产生了深刻的影响。正如沃尔特·翁（1967，1982）所言，声音和神圣感关系密切。人的声音是人最独特的生理元素，由气产生，与生命密切相关。在希伯来语里，表示“气”和“风”的两个词与“精神”和“灵魂”是同义词，既用于人也用于神。因此，值得一问的是：宗教仪式里听见的声乐和祷告是预先录制的，抑或是现场吟唱的——这两种方式会产生不同的效果吗？就此而言，军队葬礼的“丧葬号”是播放的抑或是军乐队演奏的——这会有区别吗？由于军乐队队员数量的不足，播放“丧葬号”的情况时有发生。声音失去语境，脱离具体时空的具体情境，即本雅明（1968）所谓的光环的失落——这是否等于仪式的贬值呢？等于去神圣化呢？甚至是亵渎神圣呢？这个问题始终是语境问题。参与宗教仪式时，我们置身于特殊的语境中，这和其他任何语境都不同，我们置身独特的语义环境中，它要求我们伴演不同的角色，遵守一套独特的规则。无论宗教仪式的场所是基督教堂、犹太教堂、佛教寺庙、清真寺或户外，无论是在家里或租用的厅堂里，正如米尔恰·伊利亚德（Mircea Eliade，1959）所言，其特征总是神圣的时空感，和世俗的时空迥然不同的感觉。实际上，神圣和祭献的深层意义可追溯到希伯来语的单词“kadosh”（神圣），那就是分开和区分。

经过精心挑选和准备的宗教语境旨在传达宗教仪式的肃穆，营造与日常世俗世界分离的感觉。当宗教脱离这一神圣的语境、脱离精心挑选和准备的语境时，会发生什么样的事情呢？当宗教以电子媒介营造的新语境为框架被建构时，会发生什么样的事情呢？波斯曼（1985）指出，电视宗教节目可能被广告打断，宗教节目的前后可能是世俗的节目，可能与其他类型的节目并置，因为看电视的人来来回回地换台。与此相似，宗教网站可能是被同时打开的几个网页或标签之一，所以其他节目可能在同时播放，背景形象和屏幕保护程序就更不用提了。再者，近来的电子邮件、即时通信、短信、语音信息和手机铃声都可能打断宗教体验。离开屏幕去考虑参与条件时，大语境不是专用于宗教体验或专为其设计的神圣空间，而是含有许多干扰的世俗环境，几乎对人的行为不强加什么控制。简言之，真实空间里可以求得的神圣和世俗的分离并不能通过电子媒介来复制，因此波斯曼批评说，电视和互联网使宗教体验委琐化。由于移动设备的出现，连牢牢扎根的神圣空间也有可能被入侵被破坏了。由于教徒参与宗教仪式时打电话、发短信、看电子邮件，有些宗教领袖为了适应新的媒体环境而鼓励信众发推特、更新帖子，如此，神圣和世俗的界线进一步模糊了。我还要指出，在2003年波斯曼的葬礼上，拉比致悼词时，有人的手机响了，铃声是“带我去看棒球赛”。参加葬礼的我们都注意到这里的讽刺意味（波斯曼是棒球迷，这一事实赋予那铃声额外的意义，我个人感到窘迫，因为这也是我的手机铃声，其他人也知道我用这个铃声）。

诚然，对老弱病残者而言，通过广播或互联网体验宗教仪式的能力是至上的福分，这是维持宗教信仰感觉的方式。不过，宗教仪式局限在屏幕框架里的时候，神圣空间就更成问题了。礼拜堂的设计旨在传递灵性意识，通过高净空、高祭坛、仪式客体和宗教圣像来营造这样的意识。音响效果常常是首要关注的问题，以方便祈祷和赞歌，而且声音是神圣感的核心。布道人需要听到，听到比看到更重要，因为布道是悠久的公共讲演形式。从远古至现代，神圣建筑的演化都是为了满足信徒在特定物理场所里聚会时的精神需求，但是，满足在场和紧邻需求的情况，迁移到摄像机镜头前和去语境化的屏幕上时，效果并不好。传统宗教仪式和典礼与公共讲演、戏剧和其他观众在场的表演形式有许多共同之处，这一切和视频媒介的偏向是相抵触的，屏幕上的视频是贴近人的、个人化的。和 C-SPAN 直播的众议院审议程序一样，屏幕上的传统宗教仪式并没有多少视觉吸引力。

除非议程中有压倒一切令人感兴趣的内容，比如国葬或皇家婚礼，否则和媒介偏向抵触的内容就无法吸引多少观众。变通的办法就是遵循媒介的偏向并编排收视率高的宗教节目，也就是吸引观众的节目，尤其娱乐节目，遵循既定的格式，比如综艺节目和脱口秀。这正是电视福音布道现象所代表的另辟蹊径。波斯曼撰写《娱乐至死》时，几位布道人在全国蹿红。他提及的许多当红的布道人效仿典型的名流模式，这些布道人因丑闻而陨落，突出的有吉姆·巴克（Jim Bakker）和塔米·菲·巴克（Tammy Faye Bakker）、吉米·斯瓦加特（Jimmy Swaggart）、杰里·法韦尔（Jerry Falwell）、奥瑞尔·罗伯茨（Oral Roberts）和帕特·罗伯森（Pat Robertson，由于介入社会问题和政治竞选而引起很大争议）。迄今为止，布道人未能重新赢得他们在 20 世纪 80 年代主流的名望，不过，在一定程度上，这也是有线电视和卫星电视频道扩张的结果，且不提互联网和万维网的出现。结果，民众关注的重点较少集中在几位布道人了，虽然更多的宗教领袖诉诸区域性观众，大教会在 21 世纪迅速增加，在线交流为其助力，出席的教友数以千计甚至数以万计。与此同时，宗教仪式越来越按照电视的偏向来裁剪，不仅用于广播和流媒体，而且用于地方的巨型屏幕，以便现场观看。虽然环境和呈现方式变了，但摄像机镜头的在场就给参与者灌输了不在场不可能获得的自我意识，在宗教仪式里是这样的，和在法院出庭上也是一样（Thaler, 1994, 1997）。

波斯曼认为，宗教广播人努力追赶电视偏向娱乐的时髦，以吸引受众，他们越是这样，就越要失去宗教的本质推力，这一推力强加道德和伦理界限，对人的行为提出要求——成为一名门徒就要接受纪律。宣扬炼狱磨难根本就难以在电视上奏效，《圣经》里“尔等不得”的劝诫太消极、太抽象，难以吸引观众。于是就相反，我们以友善、愉快和漂亮的面孔，用正面信息表扬、颂扬和奉承观众。传统宗教的主要功能之一是帮助我们应对死亡，让我们知道自己终有一死，但更加重要的是帮助我们用哀伤和悼念应对丧亲之痛，这一切应对功能在电视宗教节目里荡然无存。即使电视媒介有一种提供抚慰和关爱的方式，那也和电视偏重娱乐内容的倾向相抵触。

波斯曼批判有些电视福音布道人经常强调经济成功与物质繁荣，这是从新教工作伦理的大逆转，但波斯曼绝非孤军奋战。在此我们又看到，传统宗教吁请延缓的满足，并坚称，善行即是善报，信仰在后世得到回报。传统宗教的讯息与电视福音布道许诺的即时满足形成鲜明的对照，电视广告的许诺植根于技术垄断文化。这些布道人宣扬美国梦，同时他们因生活方式与传统教士不相称而饱受诟病，他们非常强调观众捐款和捐赠。当然，有组织宗教的典型做法还包括慈善诉求，但一直受到善款滥用的周期性指控。宗教广播是烧钱之举，同时，通达大量受众又大大增加了以个人和组织名义筹款的潜力，通过窄播、网站和社交媒体而进行的更有针对性的运动也有筹款的潜力。这不是要否认电子媒介有助于合法的善举和事业，只是想指出，“献给恺撒和献给上帝”在过去是平衡的，因为彼时的捐赠有本地共同体的中介，如今的捐赠中介被电子媒介改变，但这未必有利于上帝。

事实上，上帝在电视上失败了，因为电视的视觉偏向与上帝的抽象概念不协调，电视的亲近偏向与上帝的本质相抵触，因为上帝高于人，与人不同。而电视镜头的焦点转向人，尤其是布道人、牧师或教士。波斯曼解释说：

> 在电视上，上帝是模糊而从属的角色。他的名字被反复提起，但布道人形象的具体性与持久性承载的讯息是，必须崇拜的是布道人，而不是上帝。我不是暗示布道人希望这样，只是想说电视上彩色的大特写面孔力量强大，致使偶像崇拜成为持久的危害。电视毕竟是雕塑图像的一种形式，其诱惑胜过金牛犊。（1985，pp. 122—123）

这也改变了布道人或教士的性质，把一个略有距离的权威人士变成名流，观众觉得他是准社会关系的亲密朋友（Horton，Wohl，1956）。促成这种亲密幻觉还需要正面讯息的传播，而不是对观众提出要求的传播，也不是提供直接抚慰或劝告的传播。教士成了娱乐人士、与观众投缘的主播和名流，其名气并非源自宗教虔诚，而是源于其人格和外貌，以及其（潜在的）个人生活和生活方式，或与其有关的任何有争议的言行或丑闻。我们再次重申，这不是要否认富有魅力的宗教领袖的悠久传统，但人格魅力的性质随布道人被追随者所知的媒介的变化而改变了。他们的形象填满屏幕时，上帝的空间所剩无几；电视媒介的偏向还影响上帝被构想的方式。字母表文化与一神教的兴起有关，更具体地说，与上帝的超越性概念有关，一神教的兴起与远古和史前时期多神教和泛神论的内心神祇是相抵触的。在电视时代正如布尔斯廷（1978）所言，我们发现，"布道人告诉听众，耶稣'不是胆小鬼，而是正常人'"（p. 74）。或者更恰当的是，像安德鲁·劳埃德·韦伯（Andrew Lloyd Webber）和蒂姆·莱斯（Tim Rice）的音乐剧告诉我们的那样，耶稣是超级明星。但无论耶稣变成名流或超级明星，都失去神圣的感觉而让位于世俗了。

当抽象的经文和模糊、僵化的宗教图像让位于人饰演的电影形象，而这些形象又是活生生的面孔和身体亲近的特写时，争议似乎必然发生了。例子有马丁·斯科塞斯（Martin Scorsese）执导的《基督最后的诱惑》（*The Last Temptation of Christ*）和梅尔·吉布森（Mel Gibson）执导的《耶稣受难记》（*The Passion of Christ*）。上帝的观念是在字母表文化主导的媒介环境里生成的，这些观念被印刷术修正，然后又进一步被照相术削弱，这和再创造的具象的现实有关系。当代形象文化对基督教构成特别的威胁，推而广之对亚伯拉罕诸教也构成威胁。艾吕尔在《语词的羞辱》（*The Humiliation of the Word*，1985）里对这一威胁作了阐述，之后阿瑟·亨特（Arthur W. Hunt III）也在《消失的圣言》（*The Vanishing Wordy*，2003）作了探讨。在《性面具》（*Sexual Personae*，1990）和《闪光的形象》（*Glittering Images*，2012）里，卡米拉·帕格利亚（Camille Paglia）选取了略微不同的形象，但那也是指向主流宗教所受挑战的形象。

除了具体的宗教内容之外，电影给我们大于生活的人物形象、超现实的模拟，经过剪辑的表演超越任何生活情景中所能取得的成就（Benjamin，1968）。这些演员超越生物学极限，不朽，能在新的神圣仪式里反复回归，他们名为明星，本身成了光明之源。（请注意，在古代和中世纪，星星被视为神祇或精灵。）崇拜者名为粉丝（fans），而 fans 是 fanatics（疯人）的缩写，他们在电影院相聚，到 20 世纪 20 年代，电影院被称为“教堂”。电视出现后，屏幕缩小，把这些霓虹神灵送进家里，也许它们不再那么崇高，但从数量上看增多了，甚至更多，因为家里又添置了台式电脑、笔记本电脑和移动设备。在这个意义上，随着电子媒介环境的演化，这种新型的神性或超自然的存在越来越广泛地延伸到我们身上，与强调自我的宗教信仰平行发展，和一个全然他者的上帝观念相对。哈罗德·布鲁姆（Harold Bloom，1993）把这种上帝观念称为美国宗教。麦克卢汉指出，电子媒介使我们处处存在，又同时无处存在，这是一个没有边际的中心，是圣奥古斯丁赋予上帝的典型特征（M. McLuhan，E. McLuhan，1988）。麦克卢汉的同事托尼·史华兹（Tony Schwartz，1983）把电子媒介称为第二位神祇，他解释说：

> 如果你请成长在西方世界传统里的人描绘上帝，除了个人独特的变异外，回答可能是这样的：
>
> “上帝无所不知、无所不能。他是神，不是身体，他存在于

> 我们体外，又存在于我们内心。上帝与我们同在，因为他处处皆在。我们不可能完全理解他，因为他以神秘的方式运作。”
>
> 广义地说，这既描绘了我们的父亲上帝，同时也描绘了人创造的第二位神祇，即电子媒介。（p. 1）

第一种电子媒介，即电报，和19世纪招魂术这种信仰的兴起密切相关，招魂术的理念是：亡者的幽灵通过一个灵媒与活着的人交流，这个人领悟出世的存在，他就是灵媒。传心术信仰也尾随电报、电话和无线电之类的技术而出现，促使厄普顿·辛克莱[1]写出《心灵无线电》（*Mental Radio*，1930）。无线电还与早期的信仰疗法有关系。电子媒介和新世纪的精神生活关系密切；因为电子媒介生成新部落主义形式，结果自然是，与部落社会有关的宗教形式，比如多神教和万物有灵论就再现了，只不过是以新的形式出现。新世纪精神生活代表着折中主义的宗教体验：个人能在多种西方和非西方的神性与超自然之路径中挑选、混合和匹配，包括各种形式的神秘主义和新异教主义。这还意味着向口语文化特有的精神生活的回归，杰克·古迪（Jack Goody，1986）将其描绘为追求的精神生活，而不是固化教义的精神生活。文字和书面文化引进神圣的文本，生成宗教生活的一致性，同时又造成信众与非信众的疆界（以接受或拒绝神圣文本为根据），因而构成改宗、异教、叛教等概念。与审美文化相联系的抽象思维使更加抽象的神圣观念，比如一神教和亚伯拉罕诸教，成为可能，同时又使外在行为重点向内心信仰重点的迁移成

---

〔1〕 厄普顿·辛克莱（Upton Sinclair，1878—1968），美国小说家，“扒粪”派，普利策小说奖得主，著有《屠场》《波士顿》《煤炭大王》等。

为可能。然而，文字打开了通向繁复的道德和伦理体系的大门，成文法随之演化，生成正义和平等的新观念。此外，文本的刚度又因解释的需要而受损，这就需要口语文化和书面文化一定程度的平衡。

无论被视为祸害或福分，抑或被视为中性，文字促成了我们如今理解的有组织的宗教。书面文化使世界性宗教成为可能，普世宗教不和任何部落或国家捆绑在一起。在电视时代，我们看见有组织宗教的式微，神圣文本和任何文本在后书面文化里的贬值肯定和这个趋势有关系。这不是要否认，新媒介使经书很容易在线上获取，从而在某些方面延伸了印刷术的效应。然而，已如前述，新媒介造成的语境使神圣和世俗的区分遭遇困难。此外，重要的是确认，波斯曼赫胥黎式的告诫：如果没有人认真读《圣经》,《圣经》的可获得性就不是很有意义。鉴于有二选一的可能，而文本难读、视频好看，所以文本就难以和视频竞争了。

波斯曼的学生谢丽尔·安妮·凯西（Chery Anne Casey，2001，p. 36）认为，在主流宗教机构里，互联网“被用来强化信仰，增进信众的精神修养和信念；被用来在世界各地传教、在社区里履行使命；被用于各种虔诚的日常活动”。她接着指出，“在互联网上追求宗教的主要好处之一是摆脱教会的教条和教阶制度，允许信仰自由的公开讨论”（p. 37）。宗教的民主化又反映了一致性的丧失，教士解释经文的特殊角色贬值了，经书本身也贬值了。官方宗教让位于舆论表达的多样性，宗教领袖和组织的知识垄断瓦解了，这造成教阶控制的丧失。许多人认为，这似乎是正面的发展，但正如所有的变革一样，这也是有得有失。值得回忆的是，1979 年推翻国王、建立神权国家的伊朗革命肇始于阿亚图拉·霍梅尼（Ayatollah Khomeini）的录音磁带，那是偷运入境的；奥萨马·本·拉登（Osama bin Laden）通过电子邮件、网站、视频、手机和社交媒介建立了恐怖主义网络。无论植根于伊斯兰教、基督教或任何其他宗教，新媒介使边缘的教派和邪教拥有暴力的议程，使小群的极端主义者远距离组织起来，推进恐怖主义活动，使 20 世纪晚期和 21 世纪初期遭到玷污。

原教旨主义更广泛地兴起且跨越很多宗教，这可能是对现代性的反动，也是电子媒介环境的产物，因此它是不同于以往狂热形式的现象。在印刷术时代，宗教往往以派别划分，独立于以往的社会部门比如政府、商界、军界。电子媒介的特点之一是边界的模糊化，无论不同娱乐样式的边界，无论事实和虚构、童年和成年的边界，无论其他角色和语境的边界，都模糊起来了。神圣与世俗的模糊化和以上边界模糊化的效应是一致的，一致的趋势可见于许多方面，原教旨主义想把宗教推进到人类活动的一切方面。同样，在传统社会里，顺从的压力总是存在的；同样真实的是，不同观点、利益、动机的个人不得不寻找协商的方式，相互调适，方能在一起生活；仅有的另一选择是离开社群，去加入或创建另一个社群。电子媒介能把志趣相同的个人跨距离结合起来，使极端主义者能掀起大规模运动。而且，虽然 19 世纪末和 20 世纪初的原教旨主义是建立在经典的字面直解上，但今天的原教旨主义最好是理解为电子传播的产物，电视上的宗教领袖的视听讯息的传播有助于原教旨主义的兴起。

在美国和其他地方，我们都目击了两种形式的极端主义，一是宗教极端主义的社会文化撕裂，一是无神论的咄咄逼人形式。这样的分叉（bifurcation）类似于电子媒介环境的两极，原教旨主义反映的是非理性倾向，无神论反映的是电报术和技术垄断走向的超理性冲动。极端无神论否定一切神圣和超验的可能，使人的存在简化为方法、手段的科学偏重，简化为如何生存而不是为何生存的科学偏重，使我们除了技术指令外几乎没有任何东西可以倚重。在这里我们又看到，问题是平衡的失落。回顾印刷时代及其生成的启蒙运动时，我们发现信仰和理性的平衡，也发现形象和语词的平衡，以及技术统治驱动力和传统文化与社会制度制动力的平衡。对坚持任一极端的人，对遵循折中主义道路的人，对忽略这些问题并认为它们与生活和事业无关紧要的人，结果都是一样的：总体文化黏合力的失落。在黏合力某种程度上缺失的情况下，我们的文化是否还能生存，这个问题并非完全清楚。在《教育的终结》里，波斯曼指出，我们的学校肩负把文化遗产传给子孙后代的使命，必须要有一些大神，才能有效地履行这一使命。他解释说：

> 我把“叙事”（narrative）一词用作“神”（小写的god）的同义词，虽有一点保留，但多半是相信的。我知道，这有一丝风险，不仅是因为神有神圣的光环，不可轻易使用，而且是因为它唤起一个固化的形象。但这种形象或意象旨在使人脑指向一个理念，或我所谓的指向一个故事，——并非任何故事，而是讲述源头、憧憬未来的故事，建构理想、描绘行为准则、提供权威源头的故事，尤其给予连续性和目的性的故事。在我使用这个词的意义上，“神”是伟大叙事的名字，有足够的可信度、复杂性和象征性力量，它使我们能围绕神组织生活。（1995，pp. 5—6）

波斯曼列举当代文化中未能提供团结和鼓舞人力量的“神灵”，

包括传统宗教、启蒙时代的理性主义、法西斯主义、纳粹主义、自由民主制度、经济效用、消费主义、科学、技术和多元文化主义。在这里，虽然他启用的是形而上意义的“神”的概念，但这个概念有助于突出宗教在创造文化黏合力和连续性方面的重大贡献，有助于我们理解何为人性，并如何在技术时代维护人性。

本章开篇借用了《寂静之声》，这首歌批评面对恶行时缺乏道德勇气大声说话的后果，反映了大屠杀和20世纪60年代的民权运动和反战运动。珀金森（1991）认为，在某些方面，电子媒介使人更难以保持沉默，难以对世界上的非正义行为有所察觉。无疑，没有觉悟就没有行动。至于觉悟是否足以产生必需的行动，这个观点是不可否认的：电子媒介把我们与全世界的人们和地方联系起来，而且以亲近的视听方式呈现在我们眼前，提高了我们的道德伦理敏感性。不过，《寂静之声》并不千篇一律地谴责沉默，它还包容了沉默令人尊敬、反思和神圣的意义。神圣的体验既与人声和声音有强烈的联系，同时，它与上帝对伊利亚说话的“微小声音”（《圣经·列王纪》19：12）联系在一起，与寂静和沉默联系在一起。许多宗教含有崇拜仪式里的默祷，沉默是静虑和默祷不可分割的一部分。在20世纪尤其在第二次世界大战的余波中，对何为上帝的沉默有诸多讨论。翁（1967）认为，与其说上帝不再对我们说话，不如说电子媒介生成的大吵大闹淹没了上帝的“微小声音”。无论宗教体验被构想为高于人的某物的交流，无论它是个人的神祇或宇宙的超验领悟，无论它是心灵之旅、心灵搜寻，甚至是更好领悟我们的心灵和意识的努力，对我们集体的心灵健康和我们文化幸存的前景而言，沉默的失落、持续不断的娱乐大洪水都是不折不扣的毁灭性灾难。

第八章　大盗窃教育

波斯曼对教育技术并不陌生，他为 CBS 教育节目《朝日学期》（*Sunrise Semester*）录制节目，“讲授”媒介环境学，这是大学课程。在《作为保存活动的教学》里，波斯曼透露，他 1976 年至 1977 年的电视课程大约有二百万观众，他们分布在 40 所城市，波斯曼作了这样的描绘：

> 至少可以说，《朝日学期》不是快节奏、视觉动感强的电视节目……其特征是电视编导所谓的“头部特写”。镜头不动，来自授课者观念内容的视觉干扰被压缩到最低限度。电视仿照讲台：全是讲解，没有表演。《朝日学期》在早上六点钟播出，其原因就在这里。（1979，p. 191）

接着波斯曼解释说，他收到回应他“上课”的 1500 封来信，

> 与教学内容有关的不到 50%，许多信仅仅是请我重述一本书或一个作者的名字，或者再说一说某一个概念……大部分信件讲我穿的衣服，说我像哪一位亲戚或演员，说我需要理发，评说我的仪态，我的友好或超然，我的情绪等。我并不是要贬

> 低我的“粉丝”，而是要指出，他们是粉丝，至少是电视观众。他们不是“学生”，他们清楚了解这一事实。无论是不是说话的“头部特写”，一个移动的形象进入他们家里，他们的反应就像看戏。但是既然无戏可看，他们的注意力就放在双方的关系上，放在他们对双方关系的感觉上。那正是粉丝应该作出的回应。（p. 191）

讲述他在电视上授课的情况时，波斯曼并不否认，电视是教育工具，有一个课程计划和日程；这是和传统课程设置相对的教学计划，没有先决条件、困难或详细的说明（Postman，1985）。在这个意义上，所有电视节目都是教育工具，无论有意为之或无意为之，刻意设计为教育节目的电视教学却成为其声称之外的东西。比如，波斯曼（1979）尖锐批评公共电视台的很受欢迎的节目《芝麻街》（*Sesame Street*），因为它教学龄前儿童学字母表和数字，用的是快速的剪辑、炫丽的视觉效果和电视广告的格式。波斯曼争辩说，这个电视节目教的是如何看电视。有一次，波斯曼来听我给研究生上课，因为我的儿子刚上小学，所以决定扮演魔鬼的代言人。我解释说，我的儿子在看《芝麻街》，这个节目帮助他学ABC。而波斯曼回应并指出，字母表只有26个字母，电视出现之前的几百年间，儿童学字母表困难本来就不大。后来，2002年的《芝麻街》改变了格式，结构更清晰，更线性，更具有叙事取向，但并没有针对波斯曼的批评而让步。虽然其中的修改可以被视为在正确方向上迈进了一步，但事实上并没有变化；无论其内容如何，电视媒介对视觉和即时的强调仍然和印刷术的偏向针锋相对，电视教学损害电视节目的意图。

你可能会问，姑不论可以在电视、电脑和移动设备上反复看的录像，既然有线电视一年365天、一星期7天、一天24小时都有儿童节目的专用频道，那儿童的现状是否更好了？我们肯定应该问，花时间看《天线宝宝》（*Teletubbies*）、《布巴宝宝》（*Boobah*）和《嘎巴宝宝》（*YoGabbaGabba*）之类的节目是否最有利于幼儿。从波斯曼的视角看，罪大恶极的节目是标榜为有教育意义的节目，因为它们误导我们何为节目编排的价值。至少，谁也不会误解，《海绵宝宝》（*SpongeBob SquarePants*）之类节目的价值就是娱乐价值。但电视使教育委琐化不仅造成儿童的问题，沃尔特·迪斯尼所用“寓教于乐”（edutainment，教育＋娱乐）一词最近流行开来，恰好就含有教育委琐化的问题。有线电视在国家地理频道、历史频道和发现频道提供专业教育节目，为纪录片的发行提供渠道，与此同时，《狗语者塞萨尔·米兰》（*Dog Whisperer with Cesar Milan*）、《烈酒私酿者》（*Moonshiners*）、《飞碟档案》（*UFO Files*）和《诺查丹玛斯效应》（*Nostradamus Effect*）等节目特别吸引观众。动物星球频道2012年和2013年分别播放了两个美人鱼的专辑：《美人鱼：发现的尸体》（*Mermaids: The Body Found*）和《美人鱼：新证据》（*Mermaids: The New Evidence*），为这个有线电视频道赢得了十七年来最高的收视率。这些作假的纪录片被许多收视者误认为是真实的，使美国海洋暨大气总署不得不发布公告澄清：美人鱼并非真实的存在。显而易见的例子还有学习频道，转向《蹒跚学步》（*Toddlers & Tiaras*）及其副产品《甜心波波来了》（*Here Comes Honey Boo Boo*）之类真人秀后，它赢得了最高的收视率。

新媒介的提倡者总体上赞同人们对电视的批评，但他们争辩说，计算机技术不同于电视，特色之一是，计算机是书写的媒介，因而它至少强化了印刷媒介的某些偏向。但与印刷媒介相关的深度阅读和浅表的跳读是有区别的，浅表的跳读是线上阅读的特征，反过来，这样的跳读又促成了 Twitter 和 Facebook 里的状态更新那种缩略、电报式的话语。如卡尔（2010）所言，谷歌倾向于收窄而不是拓宽思维过程，电子邮件、社交媒介和超链接往往为狂轰滥炸的中断让路，不能跟随一场持久的论辩。有人尝试把超文本转化为一种文字的形式，精神可嘉，结果却倾向于损害线性思维、逻辑和叙事。列夫·马诺维奇（Lev Manovich，2001）认为，新媒介用数据库的逻辑以及无设置、秩序或组织的随机检索取代叙事序列的悠久传统。连处理文字的简单软件形式也会改变我们书写的方式，使我们的思维过程短路，在所谓“前写作”（pre-composition）的实际动笔之前就短路了。在 20 世纪 90 年代中叶，我陪波斯曼外出开会。一个校区主管作主旨讲演，解释电脑进课堂如何帮助老师教小学生写作文。他说，文字处理的优点是，学生能写点东西，但他们不喜欢自己写下的东西时，他们可以编辑、删除，从头再来。在随后的问答时间段，波斯曼问道：“他们为什么不能用铅笔和纸做同样的事情呢？”也许，他们用电脑能做一些用纸笔做的事情，但学区主管不能回答波斯曼的问题。姑不论其他事情，我们不该听到他的回答吗？

而且，计算机程序固然建基于人工“语言”，人工语言又依靠字母数字编码和逻辑运算，因而需要一些文化素养，但这样的文化素养是工艺素养，而不是社会素养。没有任何文学作品或重要的文化档案是用 C++，Java 或者 Python 之类编程语言写成的，也没有任何对话或讨论是用这样的编程语言进行的。在它们能被视为语言的意义上，它们代表的也是语词的极端技术化（Ong，1982），是从语词向数字的转移，因为它们代表计算技术的二进制符码。如此，它们就是从超理性的极端向语词发起进攻的一部分，超理性是与速度和效率联系在一起的。因此，不足为奇的是，这种计算机素养往往只局限于技术专家，虽然大多数使用者获得了对旧传播形式比如出版和广播（通过播客和 YouTube）更主动的控制，但他们仍然是所用软件的被动使用者（Rushkoff，2011）。在另一端，使用者多年来接触的界面越来越少使用字母数字形式，无论那是图形用户界面鼠标和图像，或者是语音识别和语音合成系统，比如 iPhone 的语音助手 Siri，甚至是新兴的虚拟现实界面，比如体感游戏 Wii，Kinect，Playstation Move。诸如此类的界面反映了从另一个极端发起的对语词的攻击，那是与形象和超现实相连的极端。正如保罗·利珀特（Paul Lippert，2000，2003）所言，两个极端代表尚未被承认的数字沟（digital divide）形式。

新媒介反映了电报式话语和基于形象的传播比如电视的偏向，但使用者各种形式的积极参与取代了观赏者的被动。耐人寻味的是，计算机技术被用于游戏和模仿，这些形式被用于训练和技能学习，尤其是运动功能的学习，也被用于促进新型的体验式学习。这里就提出了一个问题：用模拟经验取代真实经验是否妥当。在有些情况下，比如就战斗机飞行员的培训而言，模拟经验可能是唯一的选择，至少是走向实战训练的准备阶段。比如，用计算机模拟取代学校的化学实验室以节省建设实验室的时间、空间和经费，这是否可以接受呢？新媒介的游戏偏向是否就是另一种方式，把严肃内容变成娱乐并使之贬值呢？遵循游戏模拟，除了享受乐趣外，参与者真正得到的是什么呢？除了游戏，骇客攻击计算机程序和系统的活动是和新媒介相联系的强劲的隐喻，我们不妨问，这是否是新媒介教程的关键特征呢？是不是像游戏人那样，攻击与破坏系统，或者寻找作弊码，或者与系统博弈呢？编程的互动和真正的人的互动迥然不同，所以我们可以问，与自动机互动所学到的是否和与人的互动所学到的相同呢？无论是被编入程序或者是骇客攻击程序，我们仍然觉得卷入了马丁·布伯（Martin Buber，1970）所谓的我—它关系中，而不是我—你关系中，而我—你关系是教育的实质。

在《群体性孤独》（*Alone Together*，2011）里，谢莉·特克尔（Sherry Turkle）批评人们寻求伙伴关系时日益倚重机器人和人工智能的趋势，她又指出这种准社会互动与有限范围人际接触的相似性，及其与狭义的连接的相似性，狭义的连接是计算机中介交流和社交媒介交流的特征。这种感知经验的窄化是否严重减损教育的功能吗？抑或是相反，它提供网络空间里人脑的柏拉图式相会呢？这是一个颇有争议的问题，但至少我们能确认，各种远程教育和课堂教学是有差别的。从波斯曼的视角看，用同样的一个词“教育”去描绘研讨班、讲演厅里的活动，以及相距遥远的人在键盘上打字的交流，那是意义贬损的范例，就像“朋友”一词指社交网站上萍水相逢的人一样，亦像“社群”一词指线上互动的一群人，这些人的兴趣和关注点千差万别，没有必要商议在一起生活的方式。

无论在线教育用的是文本或试听传播，其经济效益都是减少物质运输、教室和建筑的需求，但是总体的节省是否推进了教学目标呢？抑或是贬损了教育经验呢？一些特殊的案例显示，远程教育使偏远地区的人获益，有利于残疾人士，或经济困难的人，但针对特殊需求的调适应该被推广到一般的学生吗？我们能用技术把最优秀的教师带给最大多数的学生吗？或者说这样的安排只不过造成了一种新的明星制呢？优秀的教学仅仅是个人才干的问题吗？优秀的教学能无限高攀吗？写到这里时，高等教育最新的时尚是大规模在线开放课程，其缩写是 MOOC（慕课）。一门慕课可多达十万学生，这就提出了一个问题：在什么意义上慕课是一门课程，老师实际上在讲授这门课？ 也许慕课的缩写 MOOC 能给人一点启示，它是和新媒介相关的一些词语的变体，比如 MMO（大型多人在线游戏）、MMORPG（大型多人在线角色扮演游戏）。这些缩略词又源于较早的游戏。比如 MUD（多用户迷宫）、MUSH（多用户共享幻觉）和 MOO（多用户地牢）。换言之，它们的首要涵义是游戏，而不是教育。姑且将这一宗谱搁置一边，显然，目前慕课的提供是赋予大学威望的手段，它们可能是把教育送达大众的方式，送达的对象是无财力上大学的人，或者是对传统教育形式没有兴趣的人。话又说回来，自学成才并非新现象，书面文化的普及和教材的容易获得使自学成为可能。正如阿伦特（1960）所言：

> 目前的情况在世界其他地方难有与之匹敌者，名为大众文化，相当妥帖。大众文化的推进者既不是大众，也不是娱乐界，而是试图用曾经的正宗文化产品来愉悦大众的人；他们劝人说，《哈姆雷特》（*Hamlet*）可以像《窈窕淑女》（*My Fair Lady*）一样教育人。大众教育的危险正是因为它可能具有很强的愉悦性。许多昔日的作家有可能经过数百年时间的默默无闻、被人忽视之后幸存下来。然而，遭遇其作品的愉悦性改编之后，他们是否还能

存活下来，那就是一个悬而未决的问题了。（pp. 284—285）

撇开其他问题不谈，考虑上述规模课程和更广义的在线教育时，我们看看最富裕的社会阶层有什么偏好。有财力支付教育费用趋向于为孩子和自己选择什么类型的教育呢？回答当然是：即使不选一对一辅导的家庭教师（有特殊需要的孩子比如自闭症的孩子也需要这样的教育），也要选师生配比非常好的传统课堂。

当然，技术无须被用来完全取代课堂，相反，技术作为提升教学的手段可以被引进课堂。波斯曼的学生玛格丽特·卡西迪（Margaret Cassidy，2004）研究教育史，她监察电影、广播、电视、电脑和新媒介被引进课堂的情况，发现同一模式不断重复：从教育革命的奢望，到利用技术的困难，到最后的幻灭、怀疑和相当程度的放弃。每一种新媒介都被大力推广：被当作提高教育质量、使之更令人兴奋的办法；借用最前沿的革新使教学专业化，让最优秀的教师用技术辅助的方式教学，以防"教师垄断课堂"（p. 267），这是因为不信任大多数教师的教学能力。每一种新媒介都被说成是教育民主化、教育质量保证、教育更富愉悦性的手段，目的是增加学生的参与。她还发现，采用每一种新媒介的动力都可以追溯到"军方、政府和公司的利益——其利益和师生课堂经验的提升有同样重要的关系，甚至是更重要的关系"（p. 276）。当然，对进步和革新本身的兴趣也是有的，波斯曼将其与技术垄断联系在一起。

这个模式不断重现。新技术被当作解决教育问题的办法来推广，但教育问题的核心是人文问题，不是信息不足的问题 ，也不是方法论效率低下的问题。读写能力不是自然而然生成的；我们身处流动状态时、从事其他活动时、吸收太多感知输入时，是无法掌握读写能力的。读写能力需要苦功和训练才能掌握，从长时间静坐和集中注意力的基本功开始，对儿童而言，这些活动全然是不自然的，需要大量的人与人互动，老师成为学生和文本的中介。正如波斯曼（1982）所言，儿童在学校里与成人世界隔离，而成人世界的秘密以书面形式编码。结果是童年的延长，进入成人世界的推迟。这赋予儿童特殊的地位，保护他们，给他们成长和发展的时间。电子媒介绕开印刷媒介的安排，让年轻人直接获取成人世界的秘密，让他们在曾经难以想象的尺度上获取信息。然而，通过电视、电脑和移动设备来获取那样的内容时，他们常常是独自一人接收和处理信息，没有成人、父母和老师在场，没有人帮助他们解释和理解其内容，没有人作为他们与媒介的中介。

近年，老师作为向导的议论不在少数，老师是在场边，而不是舞台中央的圣贤，意思是说，学生能教育自己，只需要最大限度的老师指引。学生的参与是至关重要的学习因素，这无疑是正确的，我可以证明，课堂上的波斯曼很善于调动学生参与讨论。但如果这一教学方法被推向极端，除了老师的教学的消逝外，我们将一无所获。波斯曼（1999）在其最后一本著作里要我们注意考虑教育的优先是什么：

> 我们需要更多老师，应该给在岗老师更好的待遇，有谁不赞同这样的要求呢？然而校董会拒不聘用更多教师，还拒付更多的薪水，不断抱怨资金短缺。尽管有这样的抗拒和抱怨，事实却是，校董会正准备花费千百万美元来建立网络，以容纳计

> 算机技术，原因却并不清楚。没有令人信服的证据表明，计算机技术能做水平高、待遇好、负担不过重的老师所胜任的工作。（pp. 46—47）

波斯曼接着指出，给学校提供互联网服务的主要理据是让学生获取信息，这就忽略一个事实：学生已经在饱受信息过载之苦。学生需要过滤、解释和综合这一切信息的办法。这使我们回到波斯曼在《教育的终结》中所持的立场：没有一个需要祀奉的神灵，没有一个安置自己并借以理解世界的故事，我们就不可能拥有一个教育功能系统。淹没在过载的信息里，受太多的娱乐干扰，教学的消逝就是学校的消逝。

教育对社会的未来极其重要，正如波斯曼（1982）的名言所示，“儿童是我们发送给我们不能看见的未来的活生生的讯息”（p. 1）。如何以最佳路径面对教育，以应对变化中的媒介环境，去改善我们生存的机会，这是媒介环境学的核心课题。实际上，麦克卢汉的隽语“媒介即讯息”的灵感来自于人类学家阿什利·蒙塔古（Ashley Montagu，1958）：

> 在教学工作中，方法是讯息，内容不是讯息。我应该说，几乎没有什么课程能被当作自成一体的东西来传授，那是不对的。一个人在受教育的年岁里所学的一切应该被当作一个坐标系的重要部分来传授。这将构成他相对于世界文化的个人文化框架。（p. 62）

蒙塔古接着宣示，“一个有教养的人不依靠知识的传递，而是依靠老师传递知识的方式”（p. 62）。他的结论是，“优秀的老师常常是大于他个人知识的工具”（p. 63）。从媒介环境学的视角看，老师是一种媒介，换言之，在教育工作中，师生关系是最重要的媒介。一方面，技术可能会延伸这个首要的媒介，同时，技术有可能截除师生关系的某一方面，并清除教育核心里的人文品格。当然，学校、课堂和书本全都是教学的延伸，全都有得有失，利弊同在。问题总是平衡问题，波斯曼主张印刷语词的读写和口头讨论的平衡，这代表着传统教育的最优秀精华。这是好不容易得到的平衡，不断闯进课堂的革新很容易打破这样的平衡。另一个相对于“媒介即讯息”洞见的是阿伦特（1978）发出的讯息。她坚称，“没什么危险的思想，思考本身是危险的”（p. 176）。如此，我们剩下的问题是：我们令人震惊的新媒介和技术容许我们享有空间和时间去驻足、反思和深思熟虑吗？或者，我们思考的能力是否淹没在形象和噪声的洪水里、被冲刷到旁边，结果就有利于计算技术和自动化呢？

第九章　暴　风　雨

尼尔·波斯曼很清楚美国社会的瑕疵和失灵，对现在和过去的情况都了解，但他又提倡启蒙时代的理想，他相信美国实验的前途和潜力，认为它是自我修正、自我矫正的系统。虽然我们发现自己滑向赫胥黎的反乌托邦，且越陷越深，但是我们仍然维持了创造芒福德（1932）深思熟虑的乌托邦观念的能力，我们能按照人的模式来改造我们的环境，而且能以可以想象到的最大尺度来重塑环境。在有限的程度上，波斯曼赞同亚伯拉罕·林肯对美国实验的描绘，“地球上最后的最好希望”，但他又会呼应林肯的担心：“一个令人遗憾的分心的国家。”然而，如今使我们分心的不是内战的恐怖，而是精神状态和话语形式之间更微妙的战争，由于我们偏离较高的精神召唤，因源源不断的娱乐、信息和革新的冲击而分心。波斯曼的论断在一切西方文化中引起共鸣，遍及发达国家，这是向全人类的未来说话，尤其在趋同和全球化的时代引起共鸣。归根结蒂是这样一个问题：我们能考虑、能谈论我们正在做什么和走向何方的问题吗？

麦克卢汉（1951）用取自 E. 爱伦·坡（E. Allan Poe）的漩涡隐喻，以象征当代媒介环境的混乱。身陷漩涡时，我们发现自己面对难以招架的自然力量，这正是媒介和技术给我们的第一印象：不可抗拒、难以控制，使我们孤立无助，只能向技术指令投降。但麦克卢汉认为，有一条出路：从客观的现象观察和识别模式着手，用媒介环境学的路径去开发生存的策略。这正是波斯曼着手做的工作。除了漩涡，我还想建议说，暴风雨还是目前局势的恰当隐喻。就暴风雨所指的暴风、暴雨而言，它似乎特别适合用作21世纪的隐喻，因为它和很明显的气候变化效应有关系，这是我们的技术带来的气候变化。更一般地说，暴风雨和骚动、喧闹、喧嚣、喧哗意思相近，它代表电子媒介技术的骚动性，因为暴风雨是通过数字技术、互联网、万维网、社交媒介和移动设备演化的。我们的交流方式经历了一波接一波的变革，我们思维和社会行为的工具已然改变，且继续改变着我们的社会和文化，以及我们的心理和自我。我们是人，肯定有精良的装备去躲过暴风雨的侵袭。然而，我们是否能在持续不断的自然或文化的动荡中营造一种可持续的生活方式，这个问题远不是清楚明朗的。如何才能在不损害人类的情况下存活下来？这是波斯曼提出来的根本问题，是媒介环境学考问的根本问题。

《暴风雨》（*The Tempest*）是威廉·莎士比亚（William Shakespeare）的一出戏，主要人物米兰公爵普洛斯彼罗被他的兄弟安东尼奥废黜，流放到一座海岛上；他擅长巫术，与女儿米兰达相依为命。普洛斯彼罗靠巫术获悉，兄弟安东尼奥正乘船路过海岛，遂掀起暴风雨，致船搁浅。米兰达看见几个遭遇船难的水手，自幼年与父亲和仆人凯列班被流放孤岛以来，这是她第一次与外人接触，所以她禁不住惊叹道：

> 神奇啊！
> 这里有多少好看的人！
> 人类是多么美丽！啊，美丽的新世界，

有这么出色的人物！

米兰达是真诚的，只是被误导，她说的这些人是酒鬼，且粗鄙，但她被他们新奇的容貌迷惑了。赫胥黎挑选《美丽新世界》的书名来呼应米兰达话里的讽刺意味。赫胥黎小说里的人物“野蛮人”约翰引用米兰达的话，表达他听说会被带往伦敦时的喜悦。约翰和米兰达一样天真，后来认识到那不过是一个反乌托邦故事。他难以应对这没有脑筋的轻浮，被绝望压垮，最终自杀。

在我们栖居的美丽新世界里，有当代的巫师。和普洛斯彼罗一样，他们凭借媒介和技术，释放强大的力量，影响我们的世界。和米兰达一样，我们大多数人赞美自己的努力，以无约束的热情庆贺自己获得的成果。有时，这样的庆贺是恰如其分的，但另一些时候，这样的做法未必妥当。再引《传道书》（3：4—7）为例：“哭有时，笑有时，哀恸有时，跳舞有时……怀抱有时，不怀抱有时……静默有时，言语有时。”（3：4—7）麻烦的问题是，在电视和技术垄断的时代，在我们栖居的电子媒介环境里，时间总是统一的一年 365 天、一星期 7 天、一天 24 小时，而且季节也不发生变化。尽管如此，我们所有的科学技术进步并没有改变这一事实：我们仍然面对需要我们注意的严重问题，它们要求我们深思熟虑，单靠计算和技术分析是不能解决这些问题的。民主需要仔细的反思、严肃的讨论、困难的决策。但我们还能在一起理性地讨论问题吗？理性的声音还能被听见吗？理性的声音是否被我们在娱乐中生成的笑声和掌声淹没了呢？是否在我们回应技术奇迹的欢呼声和庆贺声中被淹没了呢？

波斯曼的立场是，我们再也不能像米兰达那样天真，我们也没有那种纯真的借口。但他又否定约翰的宿命论和自我毁灭的合法性。波斯曼《娱乐至死》的笔调是叹息，但无疑他怀抱着希望：我们能一定程度上恢复对媒介和技术的控制，以及对我们自己的控制。无疑，他对大学航空炸弹怪客泰德·卡辛斯基（Ted Kaczynski）或"9·11"事件恐怖分子的暴力不会有丝毫的同情，这些人自认为是在对现代性或后现代性作战，或者说对他们觉得自己是在与电视时代的腐败作战，对军事领导的压迫作战。波斯曼提倡满怀恭敬的参与公开对话，号召我们成为爱心斗士。与此同时，他并不拒斥新勒德分子的标签并指出，勒德分子实际上是相当理性的，他们试图保护自己的工作、工资和生活方式。事实上，波斯曼既不恐惧技术，也不热爱技术。他不像有些人（如 Jensen，1990）所谓的反对现代性，但他肯定批判所谓的后现代性（Strate，1994，2011）。他所看见的文化是失衡的文化、向技术乐观主义摆动得太远的文化、一门心思追求娱乐的文化、似乎太专注于把赫胥黎小说虚构的世界变成现实的文化。时钟不能倒转；主张放弃我们的媒介和技术、试图回归早前的时代、回归不那么先进的生活方式，那是毫无意义的。否定发明带给我们的合理权益，也是毫无意义的。现在看来，我们需要做的是：共同努力评估我们的所作所为以及我们做事情的方式；考虑媒介的恰当用途、什么用途不恰当；谨慎前进，要知道革新总是会产生意料之外的结果，许多结果是不如人意的。在《计算机威力和人的理性》（*Computer Power and Human Reason*，1976）里，约瑟夫·魏岑鲍姆（Joseph Weizenbaum）指出，我们能做什么并不意味着我们应该做什么。在实施革新时，我们需要一些时间从容应对。然而，我们的文化似乎极端执着于没完没了的娱乐和震惊，我们的问题就是，如何在我们的取向上达成这样一种根本的变革。

关于如何成为充满爱心的斗士，波斯曼（1992）提出一些实用的建议，供个人去遵循：

> （1）除非你熟悉问卷的方法论、缘起、资金和答卷人，否则就不要认真对待舆论民调；
>
> （2）说到人与人的关系时，不要把效率的价值置于首位；
>
> （3）不要盲目给数量赋予权威，要知道，计算和精准不等于人的判断和真理；
>
> （4）对行为科学和社会科学研究持怀疑态度，尤其当它违背常识时；
>
> （5）不要把进步当作完善的好事来接受；
>
> （6）要记住，信息不等于理解；
>
> （7）要知道年纪和阅历的价值；
>
> （8）要知道家庭、忠诚和荣誉的价值；
>
> （9）要知道人的在场和直接接触的价值；
>
> （10）不要假设科学论断就是真理；
>
> （11）要知道宗教及其故事的价值；要知道区分神圣和世俗的价值；
>
> （12）要知道传统的价值；要尊敬现代性和技术进步，“但不要认为现代性和技术进步代表着人类进步的最高形式”。（p. 184）

在上列清单基础上，我想就个人如何抗拒暴风雨、抗拒时代的诱惑补充一些建议。我希望，如果一些建议似乎令人痛苦地一望而知，读者会予以谅解。先说口语词，努力进行面对面交谈；对家庭而言，这还意味着固定一个晚餐时间，让人人都在，都能交谈。练习讲演术，因为在商务活动和组织活动场合尤其需要讲演，要知道最重要的是口齿清晰流畅。口语词至关重要，要放弃 PowerPoint，或将其降格为配角，仅显示所讲内容而已。要朗诵诗歌，这是开发智力的基本活动，要唱出声，播放音乐。记忆术被遗忘久矣，但记忆术是应该培养的有价值的技能。正如翁（1982）所言，“你理解你能回忆的东西”（p. 33）；用练习和记忆术强化记忆是值得一试的目标。

除了口语能力，书面文化素养也亟须鼓励。阅读使脑子再接线，但接线并非一劳永逸，而是要不断更新。要抗拒使用电子书和由于阅读器的诱惑，因为它们含有数字干扰，会打断我们集中精力阅读，且不提这样一个事实：你失去摩挲书时的质感。作为一种娱乐形式的朗读也需要鼓励，为儿童朗读尤其要鼓励，成人的朗读也需要鼓励。书法艺术正在失落之中，用纸笔书写、书法艺术和手抄短文的简单行为都有价值。无论用什么书写材料，要给亲友写信，通过邮局投递真正的书信。

波斯曼（1985）认可个人参与的关电视活动，近年，人们倡议实行全国拔掉电源日、技术安息周。莱因戈尔德（Rheingold，2012）建议用冥想静虑来抗衡新媒介的偏向，将其作为提高注意力觉悟的训练形式；针对手机短信和提醒的干扰、点击的冲动、在窗口和应用中流连等，我们要提高集中注意力的能力。鲁什科夫（Rushkoff，2011）建议，我们抗拒不断回复或查看短信的冲动，要充分利用计算机中介交流非同步性的优势。一句话，基本的要义就是慢下来，稍后回复，多想想。

即使我们个人能找到办法以应对和反制电子媒介环境的负效应，更重要的关怀应该是，在社会和文化的宏观层次上，我们能做什么。通过电子媒介，我们能促成针对电子媒介的批判态度吗？一个策略是戏仿，乔恩·斯图尔特的《每日秀》和《科尔伯特报告》特别值得注意，它们能辨认并嘲笑广播新闻的偏向和过分之处（Erion，2007）。正如波斯曼（1985）指出，这种戏仿的问题是，其首要目标仍然是吸引受众，用娱乐内容抓住其注意力。而且，戏仿似乎产生玩世不恭的态度，没有提供积极的其他选择。诚然，数字技术可以被用来提高个人对技术的控制能力，使人更好地理解电视如何运行的原理，因而在某些方面能推进媒介素养。但这只不过是把问题推回到上一代的媒介，因为新媒介已经被用来揭示旧媒介隐蔽的偏向；麦克卢汉（1964）认为，旧媒介被降格为新媒介的内容。但实际上，旧媒介的合理性的丧失只不过加强了新媒介的合理性和权威。那么，我们如何才能跑到失控技术列车的前面去呢？

无疑，对新技术的开发和扩散进行限制似乎有可取之处，但人们普遍的感觉是，即使我们不追求革新，别人也会搞革新。医疗技术的开发有一些限制，却不足以防止后来证明为弊大于利的药品的扩散。自上而下约束技术的全球规制系统暂付阙如，尽管有不可预见、不如人意结果的潜在可能性，竞争仍将继续驱动发明和革新。在技术垄断文化里，技术本身已然成为目的，回应任何革新引起的问题的方略就是更多的技术。这就是为什么艾吕尔（1964）要说，技术或者更准确地说技艺和技艺系统已然独立自主，正在爆炸性地以几何级数增长。

也许，唯一的选择是文化变革，换言之是制度本身的变革，不是制度里的小变，而体制却岿然不动。这样的变革可能是灾难事变带来的，灾变迫使我们简化生活方式，或者在技术进步上使我们倒退；核战争、全球变暖之类灾变的情景涌入脑际，马克思和恩格斯（2007）设想的全球暴力革命也涌入脑际。但急剧的变革既不可取，也不符合波斯曼爱心斗士的主张，这应该是一目了然的。他不想要我们放弃和平过渡到更健全的、可持续社会的目标，也许这样的社会可以被视为后文明的一种形式。我相信他会说，美国实验给予我们实现这一过渡的工具，条件是：我们不用委琐的小技艺来污染我们严肃的话语。

波斯曼在《娱乐至死》里做了新闻业、政治、宗教和教育四大案例研究，这四大案例代表着美国实验的四大基石，它们都是在印刷媒介环境里涌现出来的。我们对未来的最大希望可能就寓于这四大案例的强化里，强化它们的目的是抗衡电子媒介环境和技术指令的突袭。

在这四大案例中，新闻业最倚重传播媒介，可以说是最濒危的。专业新闻机构需要知道，生产书面表达形式、推进文化素养、抗击不读书报、鼓励阅读习惯尤其深度阅读对它们自身最为有利。专业新闻记者需要指明报道中思想和论点的逻辑组织，指明所问的问题、问题形塑答案的方式，指明事实、演绎、意见和界定的区分。提供情景的准确记述、事件的客观描绘，这样的能力很有价值，比如训练有素的记者就具备这样的能力；经验丰富的记者需要发挥守门人的作用，他们要帮助读者个人应对信息超载。专业记者要分析事件，辨识其彼此关系，并将其整合进广阔的环境图像。这些功能并非专业记者所独有的。专业记者既需要与业余记者和独立的意见领袖合作，又与其竞争，并寻找新的办法来阐明专业记者服务的价值。这还应该含有一种坚守的责任，用新方法组织和呈现电子报道，他知道，视听媒介可以用来表现故事，但应该从属于书面词的地位。在营造公众的工作里，专业记者和新闻机构的定位务必是：在民主社会里张扬公民的权利，坚守政治里的理性话语，进行政治话语和商务话语里的逻辑分析和事实核查。

然而归根到底，给政界人士提出更高标准的应该是我们公民。政界人士必须乐意合作，把重点从广告、原声摘要、拍照机会转向政策宣示和问题讨论，并且让普通公民能听懂。法律和政治文书朴素的语言和文风有助于反制电视和技术垄断的效应。电子媒介尤其新媒介对民主社会有利的倾向之一是，强调公开性和透明性。这一倾向需要鼓励，但鼓励的方式不能导致信息超载。在这里，守门人和舆论领袖也是至关重要的。至于舆论领袖，至关重要的是重新把重点放在本地社群上，这既是民主参与的场所，又是参与较大规模政治活动的基石。诚然，通过超地域博客的大型募捐有所助益，不过公民终究需要面对面，一道决策和行动，从而获取真实、具体的目标和结果。有意义的小步骤构成取得进步的唯一道路，小说家耶日·科辛斯基（Jerzy Kosinski）说得好，归根结底，没有任何东西能取代终极目的的达成。

当前的文化冲突似乎把宗教与世俗社会对立起来，但值得指出的是，美国实验一定程度上建立在宗教多元主义和个人权利的基础上，个人有权决定精神信仰和实践。同时，建国的先贤们懂得宗教传统之利，宗教传统为人权提供道德伦理基础，使个人感到在宇宙中的谦卑。在这里，一个极端是电子媒介视听内容煽动的非理性的宗教极端主义，另一个极端是与唯科学主义和技术垄断相关的超理性的极端无神论，而我们需要一条中间道路。我们要找到一些办法，鼓励人们参加本地礼拜场所的宗教仪式，这些活动既增强人们的社群感，同时又提供跨信仰的集会和对话，强调宗教与其他社会部门的分界。尤为重要的是，更多的注意力会被用于经典的阅读，尤其用于宗教机构场所外的读经。这样的阅读含有不同宗教文本和传统的比较和对比，传译和解释的考虑，科学和宗教差异的考察，既考察科学和宗教所提的问题，又考察它们做出的答案和解释。弄懂科学和宗教冲突的方式和互补的方式，这是值得争取达成的目标。新闻记者和政界人士都分担一定的责任，要在社会里给宗教重新定位，使之更具相关意义，少生分裂性，但宗教领袖及其信徒必须乐意自己做出相应的调整。

学校教育是和文化素养关系最紧密的制度。波斯曼把自己对未来的希望最充分地寄托在教育上。抗拒用技术取代教师的冲动至关重要，要确认，教育质量始于训练有素、负担不过重的老师，始于合理的师生配比；学生得到老师的个性化关照，同时又可以在小组里与同学一道学习。回归基础的进路似乎符合波斯曼对保存活动的强调，他的确提出过这样的建议：学校需要行使控制功能，这要求教育以书面文化和印刷文化、口语词和书面词、思辨和理性为基础，以抗衡偶像崇拜和效率、形象文化和技术垄断的极端。但他又一以贯之地主张，把语言教育、符号的使用和媒介环境学纳入教学内容。

麦克卢汉（1964）解释说，我们的媒介和技术有作为环境的功能，它们成为常规后就隐入背景，我们是看不见的。为了让它们回归我们的意识，他主张，我们要寻找反环境，也就是偏向与主导环境相抵触的环境，反环境给我们提供了客观观察和评估主要环境的视角，反环境找到的模式使我们能逃离大漩涡或暴风雨。对他而言，艺术就是答案，艺术给我们感知训练，使我们理解媒介形塑和修正我们感知的方式，使我们理解媒介形塑并修正我们的思维过程和世界观的方式。宗教传统是在早前的媒介环境里产生的，能给我们提供反环境，因而有助于行使波斯曼寻找的控制功能。不过，波斯曼的答案始终首先是教育。尤其在美国实验的语境下，学校始终是我们寻求帮助的媒介，我们借此确保机会平等的希望，使移民融入美国文化，尝试用教育解决各种各样的社会问题。因此，我们可以寻求学校把艺术和比较宗教纳入课程表，把语言研究、符号传播、媒介用作完美的跨学科基础，把不同的课程结合成连贯一致的整体。媒介环境学是波斯曼的最佳选择，借此，他找到一个大跨度的故事来组织教育体制，强调人类、包含进步和倒退的故事；这个故事强调启蒙运动的价值和乌托邦理想的不完美的美国实验，但在过往成就基础上能继续不断改善的实验；这是个消除错误、致力于改善人的境遇的故事，不牺牲我们做人品格的故事。

此刻我认为，指出波斯曼《娱乐至死》的结语是非常合适的。他写道，赫胥黎

> 赞同 H. G. 威尔斯的观点：我们身处教育和灾难的竞争中。他继续不断地论述理解政治和媒介知识论的必要性。这是因为在《美丽新世界》末尾，他试图告诉我们，使书里人痛苦的不是用欢笑代替思考，而是不知道自己在笑什么，不知道自己为

什么不再思考。（1985，p. 163）

我们考虑奥威尔笔下的极权主义和赫胥黎笔下的欢愉和自动化世界里反乌托邦的可能性，要考虑究竟是什么处在危险之中，还值得考虑的是赫胥黎在《重访美丽新世界》里的压轴篇里的结语：

> 此间，世界上还余下一些自由。诚然，许多年轻人似乎不珍惜自由。但我们有些人还是相信，如果没有民主，人就不能成为完全意义上的人，因此，自由是极其珍贵的。也许，如今威胁自由的力量太强大，我们难以长期抗衡。但竭尽全力抵抗这些力量正是我们的责任。（1958，pp. 122—123）

我们如何用波斯曼呼吁的充满爱心的方式抵抗威胁自由的力量呢？关键仍然是语境问题，我们要寻找与心想的具体目的匹配的语境，寻找适合我们希望参与的交流所需的媒介，寻找我们充分实现人性化生活所需的妥善的环境。在莎士比亚的《暴风雨》里，米兰公爵普洛斯彼罗放弃魔法，拥抱理性世界，与家人和社区和解，准备从流放的孤岛回家；他的魔法就相当于我们的媒介。在收场诗里，他发出了最后的诉求：

> 现在我已把我的魔法尽行抛弃，
> 剩余微弱的力量都属于我自己；
> 横在我面前的分明有两条道路，

不是终身被符箓把我在此幽锢，
便是凭借你们的力量重返故国。
既然我现今已把我的旧权重握，
饶恕了迫害我的仇人，请再不要
把我永远锢闭在这寂寞的荒岛！
求你们解脱了我灵魂上的系锁，
赖着你们善意殷勤的鼓掌相助；
再烦你们为我吹嘘出一口和风，
好让我们的船只一起鼓满帆篷。
否则我的计划便落空。我再没有
魔法迷人，再没有精灵为我奔走；
我的结局将要变成不幸的绝望，
除非依托着万能的祈祷的力量，
它能把慈悲的神明的中心刺彻，
赦免了可怜的下民的一切过失。
你们有罪过希望别人不再追究，
愿你们也格外宽大，给我以自由！（收场诗译文从朱生豪先生译本）

语毕，普洛斯彼罗请观众鼓掌以示赞同。同样，波斯曼向当时和现在愿意聆听的人发出讯息，向身处他那个时代发出的讯息，仅此而已，但这也是他向未能目睹的时代发出的讯息。他和我的讯息的意义都寓于读者你的身上，寓于你的思想和言行中。我们能断言，变革是需要的，我们需要的变革始于我们的话语，话语乃集体行动的基础。娱乐至死、信息过载至死、震惊至死、虚度光阴——我们要对抗这一趋势，我们要用健全而明智的对话对抗一切疯话、蠢话。唯其如此，我们才能开启说话、思考并教育自己回归生活的旅程。

参考文献

Albrecht, R. 2004. *Mediating the Muse: A Communications Approach to Music, Media, and Cultural Change*. Cresskill, NJ: Hampton Press.

Ames, A. and Dewey, J. 1960. *The Morning Notes of Adelbert Ames, Jr.: Including A Correspondence with John Dewey* (H. Cantril., ed.). New Brunswick: Rutgers University Press.

Arendt, H. 1960. Mass Culture and Mass Media. *Daedelus* 89 (2):pp.278-287.

Arendt, H. 1978. *The Life of the Mind*. San Diego, CA: Harvest.

Arendt, H. 2004. *The Origins of Totalitarianism*. New York: Schocken Books.

Aristotle. 1954. *Rhetoric* (W. Rhys Roberts, Trans.). New York: The Modern Library.

Arlo, R. 1971. Spring. Media Ecology. *Radical Software* 3:p.19.

Bateson, G. 1972. *Steps to An Ecology of Mind: Collected Essays in Anthropology, Psychiatry, Evolution, and Epistemology*. New York: Bantam Books.

Bateson, G. 1979. *Mind and Nature: A Necessary Unity*. New York: Bantam Books.

Baudrillard, J. 1994. *Simulacra and Simulation* (S. F. Glaser, Trans.). Ann Arbor: University of Michigan Press.

Beniger, J. R. 1986. *The Control Revolution: Technological and Economic Origins of the Information Society*. Cambridge, MA: Harvard University Press.

Benjamin, W. 1968. *Illuminations* (H. Zohn, Trans.). New York: Harcourt Brace & World.

Bertalanffy, L. V. 1969. *General System Theory: Foundations, Development, Applications*. New York: G. Braziller.

Birdwhistell, R. L. 1970. *Kinesics and Context: Essays on Body Motion*

Communication. Philadelphia: University of Pennsylvania Press.

Bloom, H. 1993. *The American Religion: The Emergence of the Post-Christian Nation*. New York: Simon & Schuster.

Bolter, J. D.and Grusin, R. 1999. *Remediation: Understanding New Media*. Cambridge, MA: MIT Press.

Boorstin, D. J. 1978. *The Image: A Guide to Pseudo-events in America*. New York: Atheneum.

Boorstin, D. J. 1984. *Books in Our Future: A Report from the Librarian of Congress to the Congress*. Washington, DC: Library of Congress.

Boulding, K. E. 1956. *The Image: Knowledge in Life and Society*. Ann Arbor: University of Michigan Press.

Buber, M. 1970. *I and Thou* (W. Kaufmann, Trans.). New York: Charles Scribner's Sons.

Campbell, J. 1982. *Grammatical Man: Information, Entropy, Language, and Life*. New York: Simon & Schuster.

Capra, F. 1996. *The Web of Life: A New Scientific Understanding of Living Systems*. New York: Anchor Books.

Carey, J. W. 1989. *Communication as Culture: Essays on Media and Society*. Boston: Unwin Hyman.

Carey, J. W. 1997. *James Carey: A Critical Reader* (E. S. Munson and C. A. Warren eds.). Minneapolis: University of Minnesota Press.

Carlyle, T. 1840/1940. *Sartor Resartus; On Heroes, Hero-worship and the Heroic in History*. London: J. M. Dent & Sons.

Carpenter, E. 1960. The New Languages. In E. Carpenter and M. McLuhan (eds.). *Explorations in Communication*. Boston: Beacon Press, pp.162-179.

Carr, N. 2010. *The Shallows: What the Internet Is Doing to Our Brains*. New York: W.W. Norton.

Casey, C. A. 2001. Online Religion and Finding Faith on the Web: An Examination of Beliefnet.org. *Proceedings of the Media Ecology Association* 2:pp.32-40.

Cassidy, M. 2004. *Bookends: The Changing Media Environment of American Classrooms*. Cresskill, NJ: Hampton Press.

Cassirer, E. 1953. *The Philosophy of Symbolic Forms*. New Haven, CT: Yale University Press.

Chomsky, N. 1972. *Language and Mind*. New York: Harcourt Brace Jovanovich.

Culkin, J. 1967. Each Culture Develops Its Own Sense Ratio to Meet the Demands of Its Environment. In G. Stearn (ed.). *McLuhan: Hot and cool*. New York: New American Library, pp.49-57.

de Zengotita, T. 2005. *Mediated: How the Media Shapes Your World and the Way You Live in It*. New York: Bloomsbury.

Deacon, T. W. 2012. *Incomplete Nature: How Mind Emerged from Matter*. New York: W. W. Norton.

Dewey, J. 1933. *How We Think*. New York: D. C. Heath & Co.

Dewey, J. 1938. *Experience and Education*. New York: Simon & Schuster.

Duncan, H. D. 1962. *Communication and Social Order*. New York: Bedminster Press.

Duncan, H. D. 1968. *Symbols in Society*. New York: Oxford University Press.

Eisenstein, E. L. 1979. *The Printing Press as An Agent of Change: Communications and Cultural Transformations in Eanly-modern Europe* (2 Vols.). New York: Cambridge University Press.

Eliade, M. 1954. *The Myth of the Eternal Return or, Cosmos and History* (Willard Trask, Trans.). New York: Pantheon.

Eliade, M. 1959. *The Sacred and the Profane* (Willard Trask, Trans.). New York: Harvest/HBJ Books.

Ellul, J. 1964. *The Technological Society* (J. Wilkinson, Trans.). New York: Knopf.

Ellul, J. 1965. *Propaganda: The Formation of Men' s Attitudes*. (K. Kellen and J. Lerner, Trans.). New York: Vintage.

Ellul, J. 1985. *The Humiliation of the Word* (J. M. Hanks, Trans.). Grand Rapids, MI: Williams B. Eerdmans.

Erion, G. J. 2007. Amusing Ourselves to Death with Television News: Jon Stewart, Neil Postman, and the Huxleyan Warning. In J. Holt (ed.). *The Daily Show and Philosophy: Moments of Zen in the Art of Fake News*. Malden, MA: Blackwell, pp.5-15.

Fallon, P. K. 2010. *The Metaphysics of Media: Towards the End of Postmodern Cynicism and the Construction of A Virtuous Reality*. Scranton, PA: University of Scranton Press.

Forsdale, L. 1981. *Perspectives on Communication*. Reading, MA: Addison-Wesley.

Frommer, M. and Frommer, H. 1995. *Growing up Jewish in America: An Oral History*. New York: Harcourt Brace.

Fuller, R. B. 1969. *Utopia or Oblivion: The Prospects for Humanity*. New York: Bantam Books.

Fuller, R. B. 1971. *Operating Manual for Spaceship Earth*. New York: E. P. Dutton.

Gabler, N. 1998. *Life the Movie: How Entertainment Conquered Reality*. New York: Knopf.

Geddes, P. 1904. *City Development: A Study of Parks, Gardens and Culture Institutes: A Report to the Carnegie Dunfermline Trust*. Edinburgh: Geddes and Colleagues.

Geddes, P. 1915. *Cities in Evolution: An Introduction to the Town Planning Movement and to the Study of Civics*. London: Williams and Norgate.

Gencarelli, T. F. 2000. The Intellectual Roots of Media Ecology in the Thought and Work of Neil Postman. *The New Jersey Journal of Communication* 8 (1):pp.91-103.

Gencarelli, T. F. 2006a. Neil Postman and the Rise of Media Ecology. In C. M. K. Lum (ed.). *Perspectives on Culture, Technology, and Communication: The Media Ecology Tradition*. Cresskill, NJ: Hampton Press, pp.201-253.

Gencarelli, T. F. 2006b. The Missing Years: Neil Postman and the New English Book Series. *Explorations in Media Ecology* 5 (1):pp.45-59.

Gencarelli, T. F., Borisoff, D., Chesebro, J. W., Drucker, S., Hahn, D. F. and

Postman, N. 2001. Composing an Academic Life: A Symposium. *The Speech Communication Annual* 15:pp.114-136.

Goffman, E. 1959. *The Presentation of Self in Everyday Life*. Garden City: Anchor Books.

Goffman, E. 1961. *Asylums: Essays on the Social Situation of Mental Patients and Other Inmates*. Garden City: Anchor Books.

Goffman, E. 1963. *Behavior in Public Places: Notes on the Social Organization of Gatherings*. New York: Free Press.

Goffman, E. 1967. *Interaction Ritual: Essays on Face-to-face Behavior*. Garden City: Anchor Books.

Goody, J. 1977. *The Domestication of the Savage Mind*. Cambridge: Cambridge University Press.

Goody, J. 1986. *The Logic of Writing and the Organization of Society*. Cambridge: Cambridge University Press.

Goody, J. 1987. *The Interface Between the Written and the Oral*. Cambridge: Cambridge University Press.

Gumpert, G. and Cathcart, R. (eds.). 1979. *Inter/Media: Interpersonal Communication in A Media World*. New York: Oxford University Press.

Gumpert, G. and Cathcart, R. (eds.). 1982. *Inter/Media: Interpersonal Communication in A Media World* (2nd Edition). New York: Oxford University Press.

Gumpert, G. and Cathcart, R. (eds.). 1986. *Inter/Media: Interpersonal Communication in A Media World* (3rd Edition). New York: Oxford University Press.

Hall, E. T. 1959. *The Silent Language*. Garden City: Doubleday.

Hall, E. T. 1966. *The Hidden Dimension*. Garden City: Doubleday.

Havelock, E. A. 1963. *Preface to Plato*. Cambridge, MA: The Belknap Press of Harvard University Press.

Havelock, E. A. 1982. *The Literate Revolution in Greece and Its Cultural Consequences*. Princeton, NJ: Princeton University Press.

Havelock, E. A. 1986. *The Muse Learns to Write: Reflections on Orality and*

Literacy from Antiquity to the Present. New Haven, CT: Yale University Press.

Hawley, A. H. 1986. *Human Ecology: A Theoretical Essay*. Chicago: University of Chicago Press.

Hayakawa, S. I. and Hayakawa, A. R. 1990. *Language in Thought and Action* (5th Edition). San Diego: Harcourt Brace.

Hobart, M. E. and Schiffman, Z. S. 1998. *Information Ages: Literacy, Numeracy, and the Computer Revolution*. Baltimore: Johns Hopkins University Press.

Horton, D. and Wohl, R. 1956. Mass Communication and Para-social Interaction: Observations on Intimacy at A Distance. *Psychiatry* 19:pp.215-229.

Hunt, A. W. 2003. *The Vanishing Word: The* Veneration *of Visual Imagery in the Postmodern World*. Wheaton, IL: Crossway Books.

Huxley, A. 1932. *Brave New World*. New York: HarperPerennial.

Huxley, A. 1948. *Ape and* Essence. Chicago: Ivan R. Dee.

Huxley, A. 1958. *Brave New World Revisited*. New York: HarperPerennial.

Huxley, A. 1962. *Island*. New York: HarperPerennial.

Innis, H. A. 1951. *The Bias of Communication*. Toronto: University of Toronto Press.

Jensen, J. 1990. *Redeeming Modernity: Contradictions in Media Criticism*. Newbury Park, CA: Sage.

Johnson, W. 1946. *People in Quandaries: The Semantics of Personal Adjustment*. New York: Harper & Row.

Kay, A. and Goldberg, A. 1977. Personal Dynamic Media. *IEEE Computer* 10(3):pp. 254-263.

Kirk, G. S. 1970. *Myth: Its Meaning and Functions in Ancient and Other Cultures*. Cambridge: Cambridge University Press.

Kirk, G. S. 1975. *The Nature of Greek Myths*. New York: Overlook Press.

Korzybski, A. 1993. *Science and Sanity: An Introduction to Non-Aristotelian Systems and General Semantics* (5th Edition). Englewood, NJ: The International Non-Aristotelian Library/Institute of General Semantics. (Original work published 1933)

Kuhns, W. 1971. *The Post-industrial Prophets: Interpretations of Technology*. New York: Weybright & Talley.

Langer, S. K. 1953. *Feeling and Form: A Theory of Art Developed from Philosophy in A New Key*. New York: Charles Scribner's Sons.

Langer, S. K. 1957. *Philosophy in A New Key: A Study in the Symbolism of Reason, Rite and Art* (3rd Edition). Cambridge, MA: Harvard University Press.

Laszlo, E. 1972. *The Systems View of the World: The Natural Philosophy of the New Developments in the Sciences*. New York: G. Braziller.

Lee, D. 1959. *Freedom and Culture*. Englewood Cliffs, NJ: Prentice-Hall.

Levinson, P. 1999. *Digital McLuhan: A Guide to the Information Millennium*. London & New York: Routledge.

Levinson, P. 2013. *New New Media* (2nd Edition). New York: Pearson.

Lippert, P. 2000. Commodity Fetishism: Symbolic Form, Social Class, and the Division of Knowledge in Society. In R. Andersen and L. Strate (eds.). *Critical Studies in Media Commercialism*. Oxford: Oxford University Press, pp.276-288.

Lippert, P. 2003. Cinematic Representations of Cyberspace. In L. Strate, R. L. Jacobson and S. B. Gibson (eds.). *Communication and Cyberspace: Social Interaction in An Electronic Environment* (2nd Edition). Cresskill, NJ: Hampton Press, pp.295-303.

Lum, C. M. K. 2006. *Perspectives on Culture, Technology, and Communication: The Media Ecology Tradition*. Cresskill, NJ: Hampton Press.

Manovich, L. 2001. *The Language of New Media*. Cambridge, MA: MIT Press.

Marx, K. and Engels, F. 2007. *The Communist Manifesto*. Charleston, SC: BiblioBazaar. (Original work published 1848)

Maturana, H. R. and Varela, F. J. 1992. *The Tree of Knowledge: The Biological Roots of Human Understanding* (Revised Edition) (R. Paolucci, Trans.). Boston: Shambhala.

Maushart, S. 2011. *The Winter of Our Disconnect*. New York: Penguin.

McLuhan, M. 1951. *The Mechanical Bride: Folklore of Industrial Man*. New York: Vanguard.

McLuhan, M. 1962. *The Gutenberg Galaxy: The Making of Typographic Man*. Toronto: University of Toronto Press.

McLuhan, M. 1964. *Understanding Media: The Extensions of Man*. New York: McGraw-Hill.

McLuhan, M. and Fiore, Q. 1967. *The Medium Is the Massage: An Inventory of Effects*. Corte Madera, CA: Gingko Press.

McLuhan, M. and McLuhan, E. 1988. *Laws of Media: The New Science*. Toronto: University of Toronto Press.

McLuhan, M. and McLuhan, E. 2011. *Media and Formal Cause*. Houston: NeoPoiesis Press.

McLuhan, M. and Watson, W. 1970. *From Cliché to Archetype*. New York: Viking Press.

Mead, G. H. 1934. *Mind, Self and Society From the Standpoint of A Social Behaviorist* (C. W. Morris, ed.). Chicago: University of Chicago Press.

Meyrowitz, J. 1985. *No Sense of Place: The Impact of Electronic Media on Social Behavior*. New York: Oxford University Press.

Molinaro, M., McLuhan, C. and Toye, W. (eds.). 1987. *Letters of Marshall McLuhan*. New York: Oxford University Press.

Montagu, A. 1958. *The Cultured Man*. Cleveland: World.

Moran, T. P. 1984. Politics 1984: That' s Entertainment. *ETC.: A Review of General Semantics* 41 (2):pp.117-129.

Moran, T. P. 2006. Media Ecology as an Instrument of Exploration. *Explorations in Media Ecology* 5 (1): pp.15-22.

Mueller, C. 1973. *The Politics of Communication: A Study in the Political Sociology of Language, Socialization and Legitimation*. London: Oxford University Press.

Mumford, L. 1922. *The Story of Utopias*. Gloucester, MA: Peter Smith.

Mumford, L. 1934. *Technics and Civilization*. New York: Harcourt Brace.

Mumford, L. 1967. *The Myth of the Machine: I. Technics and Human Development*. New York: Harcourt Brace & World.

Mumford, L. 1970. *The Myth of the Machine: II. The Pentagon of Power*. New York: Harcourt Brace Jovanovich.

Nasaw, D. 1979. *Schooled to Order: A Social History of Public Schooling in the United States*. New York: Oxford University Press.

Novak, F. G., Jr. (ed.). 1995. *Lewis Mumford and Patrick Geddes: The Correspondence*. London: Routledge.

Nystrom, C. 1973. *Towards A Science of Media Ecology: The Formulation of Integrated Conceptual Paradigms for the Study of Human Communication Systems*. Unpublished doctoral dissertation, New York University.

Nystrom, C. 1987. Literacy as Deviance. *ETC.: A Review of General Semantics* 44 (2):pp.111-115.

Nystrom, C. 1997. Observing the Law. Message posted to mediaecology electronic mailing list, archived at <http://www.media-ecology.org/list/mediaecology/index.html>.

Nystrom, C. 2006. My Greatest Blessing. *Explorations in Media Ecology* 5 (1):pp. 23-25.

Ogden, C. K. and Richards, I. A. 1923. *The Meaning of Meaning: A Study of the Influence of Language upon Thought and of the Science of Symbolism*. New York: Harcourt Brace.

Ong, W. J. 1958. *Ramus, Method, and the Decay of Dialogue: From the Art of Discourse to the Art of Reason*. Cambridge, MA: Harvard University Press.

Ong, W. J. 1967. *The Presence of the Word: Some Prolegomena for Cultural and Religious History*. New Haven, CT: Yale University Press.

Ong, W. J. 1982. *Orality and Literacy: The Technologizing of the Word*. London: Routledge.

Orwell, G. 1946. April. Politics and the English Language. *Horizon*: pp.252-264.

Orwell, G. 1949. *1984*. New York: New American Library.

Paglia,C. 1990. *Sexual Personae: Art and Decadence from Nefertiti to Emily Dickinson*. New Haven, CT: Yale University Press.

Paglia, C. 2000. The North American Intellectual Tradition. *Explorations in Media Ecology* 1(1):pp.21-30.

Paglia, C. 2012. *Glittering Images: A Journey through Art From Egypt to Star Wars*. New York: Pantheon.

Perkinson, H. 1991. *Getting Better: Television and Moral Progress*. New Brunswick, NJ: Transaction.

Perkinson, H. 1995. *How Things Got Better: Speech, Writing, Printing, and Cultural Change*. Westport, CT: Bergin & Garvey.

Perkinson, H. 1996. *No Safety in Numbers: How the Computer Quantified Everything and Made People Risk-aversive*. Cresskill, NJ: Hampton Press.

Plato. 1973. *Phaedrus and Letters VII and VIII* (W. Hamilton, Trans.). New York: Penguin.

Popper, K. 1989. *Conjectures and Refutations: The Growth of Scientific Knowledge*. London, New York: Routledge.

Popper, K. 2002. *The Logic of Scientific Discovery*. London, New York: Routledge.

Popper, K. 2003. *The Open Society and Its Enemies*. London: Routledge.

Postman, A. 2003, October 8. Eulogy for Neil Postman. Delivered at the Parkside Chapel, Forest Hills, New York.

Postman, A. 2005. Introduction to the Twentieth Anniversary Edition. *Amusing Ourselves to Death: Public Discourse in the Age of Show Business*. New York: Viking Penguin.

Postman, N. 1961. *Television and the Teaching of English*. New York: Appleton-Century-Crofts.

Postman, N. 1966. *Exploring Your Language*. New York: Holt, Rinehart & Winston.

Postman, N. 1967. *Language and Reality*. New York: Holt, Rinehart & Winston.

Postman, N. 1968, November 29. Growing up Relevant. Address delivered at the 58th annual convention of the National Council of Teachers of English, Milwaukee, WI.

Postman, N. 1970. The Reformed English Curriculum. In A. C. Eurich (ed.). *High School 1980: The Shape of the Future in American Secondary Education*.New York: Pitman, pp.160-168.

Postman, N. 1974. Media Ecology: General Semantics in the Third Millennium. *General Semantics Bulletin* 41-43:pp.74-78.

Postman, N. 1976. *Crazy Talk, Stupid Talk*. New York: Delacorte.

Postman, N. 1979. *Teaching as A Conserving Activity*. New York: Delacorte.

Postman, N. 1980. TV News as Metaphor. *ETC.: A Review of General Semantics* 37 (4):pp.321-328.

Postman, N. 1982. *The Disappearance of Childhood*. New York: Delacorte.

Postman, N. 1985. *Amusing Ourselves to Death: Public Discourse in the Age of Show Business*. New York: Viking Penguin.

Postman, N. 1988. *Conscientious Objections: Stirring up Trouble about Language, Technology, and Education*. New York: Alfred A. Knopf.

Postman, N. 1990, October 11. Informing Ourselves to Death. Retrieved from: http://w2.eff.org/Net_culture/Criticisms/informing_ourselves_to_death.paper.

Postman, N. 1992. *Technopoly: The Surrender of Culture to Technology*. New York: Alfred A. Knopf.

Postman, N. 1995. *The End of Education: Redefining the Value of School*. New York: Alfred A. Knopf.

Postman, N. 1996. Cyberspace, Shmyberspace. In L. Strate, R. Jacobson and S. B. Gibson (eds.). *Communication and Cyberspace: Social Interaction in An Electronic Environment*. Cresskill, NJ: Hampton Press, pp.379-382.

Postman, N. 1999. *Building A Bridge to the 18th Century: How the Past Can Improve Our Future*. New York: Alfred A. Knopf.

Postman, N. 2000. The Humanism of Media Ecology. *Proceedings of the Media Ecology Association* 1:pp.10-16.

Postman, N. 2006. Media Ecology Education. *Explorations in Media Ecology* 5 (1): pp.5-14.

Postman, N. and Damon, H. C. 1965a. *The Uses of Language*. New York: Holt, Rinehart & Winston.

Postman, N. and Damon, H. C. 1965b. *The Languages of Discovery*. New York: Holt, Rinehart & Winston.

Postman, N. and Damon, H. C. 1965c. *Language and Systems*. New York: Holt, Rinehart & Winston.

Postman, N., Morine, H. and Morine, G. 1963. *Discovering Your Language*. New York: Holt, Rinehart & Winston.

Postman, N., Nystrom, C., Strate, L. and Weingartner, C. 1987. *Myths, Men, and Beer: An Analysis of Beer Commercials on Broadcast Television, 1987*. Falls Church, VA: American Automobile Association Foundation for Traffic Safety.

Postman, N. and Paglia, C. 1991, March. She Wants Her TV! He Wants His Book! *Harper's Magazine*:pp.44-51, 54-55.

Postman, N. and Powers, S. 1992. *How to Watch TV News*. New York: Penguin Books.

Postman, N. and Weingartner, C. 1966. *Linguistics: A Revolution in Teaching*. New York: Delta.

Postman, N. and Weingartner, C. 1969. *Teaching as A Subversive Activity*. New York: Delta.

Postman, N. and Weingartner, C. 1971. *The Soft Revolution: A Student Handbook for Turning Schools around*. New York: Delacorte.

Postman, N. and Weingartner, C. 1973. *The School Book: For People Who Want to Know What All the Hollering Is about*. New York: Delacorte.

Postman, N. Weingartner, C. and Moran, T. P. (eds.). 1969. *Language in America*. New York: Pegasus.

Rheingold, H. 2012. *Net Smart: How to Thrive Online*. Cambridge, MA: MIT Press.

Richards, I. A. 1929. *Practical Criticism: A Study of Literary Judgment*. New York: Harcourt Brace.

Richards, I. A. 1936. *The Philosophy of Rhetoric*. New York: Oxford University Press.

Rogers, E. M. 2003. *Diffusion of Innovations* (5th Edition). New York: Free Press.

Rose, E. 2003. *User Error: Resisting Computer Culture*. Toronto: Between the Lines.

Rosen, J. 1999. *What Are Journalists for?* New Haven, CT: Yale University Press.

Ryan, P. 1974. *Cybernetics of the Sacred*. Garden City, NY: Anchor.

Rushkoff, D. 2011. *Program or Be Programmed: Ten Commands for A Digital Age*. New York: OR Books.

Sapir, E. 1921. *Language: An Introduction to the Study of Speech*. New York: Harcourt Brace Jovanovich.

Schudson, M. 1978. *Discovering the News: A Social History of American Newspapers*. New York: Basic.

Schwartz, T. 1974. *The Responsive Chord*. Garden City, NY: Anchor.

Schwartz, T. 1983. *Media: The Second God*. Garden City, NY: Anchor.

Shannon, C. E. and Weaver, W. 1949. *The Mathematical Theory of Communication*. Urbana: University of Illinois Press.

Sinclair, U. 1930. *Mental Radio*. Charlottesville, VA: Hampton Roads..

Southam Interactive. 1996. *Understanding McLuhan* [CD-ROM]. New York: Voyager.

Small, G. and Vorgan, G. 2008. *iBrain: Surviving the Technological Alteration of the Modern Mind*. New York: Harper.

Sontag, S. 1977. *On Photography*. New York: Farrar, Straus & Giroux.

Steinberg, S. H. 1996. *Five Hundred Years of Printing* (Revised Edition, J. Trevitt). New Castle, DE : Oak Knoll Press.

Sternberg, J. 2006a. Neil Postman's Advice on How to Live the Rest of Your Life. *ETC.: A Review of General Semantics* 63 (2):pp.152-160.

Sternberg, J. 2006b. Neil Postman's Rules of Public Speaking. *Explorations in Media Ecology* 5 (1):pp.73-76.

Sternberg, J. 2012. *Misbehavior in Cyber Places: The Regulation of Online Conduct in Virtual Communities on the Internet*. Lanham, MD: University Press of America.

Strate, L. 1994. Post(modern)man, or Neil Postman as A Postmodernist. *ETC.: A Review of General Semantics* 51 (2):pp.159-170.

Strate, L. 2003. Neil Postman, Defender of the Word. *ETC.: A Review of General Semantics* 60 (4):pp.341-350.

Strate, L. 2006a. *Echoes and Reflections: On Media Ecology as A Field of Study*. Cresskill, NJ: Hampton Press.

Strate, L. 2006b. The Judaic Roots of Neil Postman's Cultural Commentary. *Journal of Media and Religion* 5 (3):pp.189-208.

Strate, L. 2006c. Neil Postman, Media Ecologist. *Explorations in Media Ecology* 5 (1):pp.83-94.

Strate, L. 2008a. Studying Media *as* Media: McLuhan and the Media Ecology Approach. *Media Tropes* 1:pp.127-142.

Strate, L. 2008b. Heroes and/as Communication. In S. Drucker and G. Gumpert (eds.). *Heroes in A Global World*. Cresskill, NJ: Hampton Press, pp.19-45.

Strate, L. 2011. *On the Binding Biases of Time and Other Essays on General Semantics and Media Ecology*. Fort Worth, TX: Institute of General Semantics.

Strate, L. 2012a. McLuhan and New Media. *Revista Latinoamericana de Ciencias de la Comunicación*:pp.14-15, 170-183.

Strate, L. 2012b. Sounding out Ong: Orality across the Media Environments. In T. J. Farrell and P. Soukup (eds.). *Of Ong and Media Ecology: Essays in Communication, Composition, and Literary Studies*. Cresskill, NJ: Hampton Press, pp.91-116.

Strate, L. 2012c. If It' s Neutral, It' s Not Technology. *Educational Technology* 52 (1):pp.6-9.

Strate, L., Jacobson, R. L. and Gibson, S. B. (eds.). 1996. *Communication and Cyberspace: Social Interaction in An Electronic Environment*. Cresskill, NJ: Hampton Press.

Strate, L., Jacobson, R. L. and Gibson, S. B. (eds.). 2003. *Communication and*

Cyberspace: Social Interaction in An Electronic Environment (2nd Edition). Cresskill, NJ: Hampton Press.

Tannen, D. 1998. *The Argument Culture: Stopping America' s War of Words*. New York: Ballantine Books.

Thaler, P. 1994. *The Watchful Eye: American Justice in the Age of the Television Trial*. Westport, CT: Praeger.

Thaler, P. 1997. *The Spectacle: Media and the Making of the O. J. Simpson Story*. Westport, CT: Praeger.

Thoreau, H. D. 1899. *Walden or Life in the Woods*. Philadelphia, PA: Henry Altemus.

Toffler, A. 1970. *Future Shock*. New York: Random House.

Turkle, S. 2011. *Alone Together: Why We Expect More from Technology and Less from Each Other*. New York: Basic Books.

Watzlawick, P., Bavelas, J. B. and Jackson, D. D. 1967. *Pragmatics of Human Communication: A Study of Interactional Patterns, Pathologies, and Paradoxes*. New York: Norton.

Watzlawick, P., Weakland, J. H. and Fisch, R. 1974. *Change: Principles of Problem Formation and Problem Resolution*. New York: Norton.

Weizenbaum, J. 1976. *Computer Power and Human Reason*. San Francisco: W. H. Freeman.

Whorf, B. L. 1956. *Language, Thought, and Reality*. Cambridge, MA: MIT Press.

White, L., Jr. 1962. *Medieval Technology and Social Change*. Oxford: Oxford University Press.

Whitehead, A. N. and Russell, B. 1925—1927. *Principia Mathematica* (2nd Edition, 3 Vols.). Cambridge: Cambridge University Press.

Wiener, N. 1950. *The Human Use of Human Beings: Cybernetics and Society*. Boston: Houghton Mifflin.

Wiener, N. 1961. *Cybernetics: Or Control and Communication in the Machine and Animal*. Boston: Houghton Mifflin.

Wittgenstein, L. 1961. *Tractatus Logico-philosophicus* (D. F. Pears and B. F. McGuinness, Trans.). London: Routledge.

Wittgenstein, L. 1963. *Philosophical Investigations* (G. E. M. Anscombe, Trans.). Oxford: Basil Blackwell.

Wolf, M. 2007. *Proust and the Squid: The Story and Science of the Reading Brain*. New York: Harper.

Wood, D. N. 1996. *Post-intellectualism and the Decline of Democracy: The Failure of Reason and Responsibility in the Twentieth Century*. Westport, CT: Praeger.

Wood, D. N. 2003. *The Unraveling of the West: The Rise of Postmodernism and the Decline of Democracy*. Westport, CT: Praeger.

Wurtzel, E. 1995. *Prozac Nation: Young and Depressed in America*. New York: Riverhead Books.

Yalkut, J., Gillette, F. and Schneider, I. 1970. Frank Gillette and Ira Schneider: Parts I and II of an Interview. *Radical Software* 1:pp.9-10.

索　引

C

H

I

N

译 者 后 记

2018年年中，深圳大学传播学院和中国大百科全书出版社达成战略合作协议，启动大型“媒介环境学译丛”，准备2019年夏季推出第一辑五种书。兹按译稿完成的时间顺序将这五种书作一简要介绍：《什么是信息》和《心灵的延伸》均为跨学科大作，符合媒介环境学派跨学科的气质，能在读者头脑中掀起风暴，作者罗伯特·洛根是多伦多大学物理学教授、麦克卢汉思想圈子的核心人物；《媒介环境学》是该学派的小百科全书，编撰者是旅美华人林文刚教授、媒介环境学会创会副会长；《震惊至死》是《娱乐至死》的姐妹篇，是学生敬献给恩师的颂歌，作者兰斯·斯特拉特是媒介环境学会创会会长、中国“高端外国专家”，师从媒介环境学派第二代精神领袖尼尔·波斯曼；《文化肌肤》是电子媒介文化的立体扫描，作者德里克·德克霍夫教授是多伦多大学麦克卢汉研究所第二任所长。

何道宽

2019年1月4日

译者介绍

何道宽，深圳大学英语及传播学教授、政府津贴专家、资深翻译家。《中国新闻传播学年鉴》（2017）学术人物，曾任中国跨文化交际研究会副会长、广东省外国语学会副会长，现任中国传播学会副理事长、深圳翻译协会高级顾问，从事英语语言文学、文化学、人类学、传播学研究30余年，率先引进跨文化传播（交际）学、麦克卢汉媒介理论和媒介环境学。著作和译作80余种，著译文字逾2000万。

著作有《夙兴集：闻道·播火·摆渡》、《中华文明撷要》（汉英双语版）、《创意导游》（英文版）。电视教学片（及其纸媒版）有《实用英语语音》。

译作要者有《文化树》《理解媒介》《技术垄断》《数字麦克卢汉》《游戏的人》《中世纪的秋天》《17世纪的荷兰文明》《裸猿》《麦克卢汉传：媒介及信使》《传播的偏向》《帝国与传播》《超越文化》《新新媒介》《麦克卢汉精粹》《思维的训练》《思想无羁：技术时代的认识论》《手机》《真实空间》《麦克卢汉书简》《传播与社会影响》《新政治文化》《麦克卢汉如是说》《媒介环境学》《模仿律》《莱文森精粹》《与社会学同游》《伊拉斯谟传》《口语文化与书面文化》《传播学批判研究》《重新思考文化政策》《交流的无奈：传播思

想史》《人类动物园》《亲密行为》《作为变革动因的印刷机》《无声的语言》《传播学概论》《软利器》《迫害、灭绝与文学》《菊与刀》《理解新媒介：延伸麦克卢汉》《字母表效应：拼音文字与西方文明》《变化中的时间观念》《文化对话》《媒介、社会与世界》《群众与暴民：从柏拉图到卡内蒂》《互联网的误读》《中国传奇：美国人眼里的中国形象》《初闯中国：美国人对华贸易、条约、鸦片和救赎的故事》《乌合之众》《个性动力论》《媒介即是按摩》《媒介与文明：麦克卢汉的地球村》《余音绕梁的麦克卢汉》《指向未来的麦克卢汉》《公共场所的行为》《驱逐：十九世纪美国排华史》《文化树》《文化科学》《公共场所的行为》《创意生活》《公共文化、文化认同与文化政策》《被误读的麦克卢汉：如何校正》等。

论文要者有《介绍一门新兴学科——跨文化的交际》《比较文化之我见》《中国文化深层结构中崇“二”的心理定势》《论美国文化的显著特征》《和而不同息纷争》《多伦多传播学派的双星：伊尼斯与麦克卢汉》《异军突起的第三学派——媒介环境学评论之一》《麦克卢汉：媒介理论的播种者和解放者》《莱文森：数字时代的麦克卢汉，立体型的多面手》《文化政策需要顶层设计》《媒介环境学：从边缘到殿堂》《冒险、冲撞、相识：美中关系史第一个一百年的故事》《泣血的历史：19 世纪美国排华史揭秘》等。